如何给孩子
高质量陪伴

陈文姬◎著

天津出版传媒集团

天津人民出版社

图书在版编目（CIP）数据

如何给孩子高质量陪伴 / 陈文姬著. -- 天津：天津人民出版社, 2020.1
ISBN 978-7-201-15744-3

Ⅰ.①如… Ⅱ.①陈… Ⅲ.①家庭教育 Ⅳ.①G78

中国版本图书馆CIP数据核字(2019)第282628号

如何给孩子高质量陪伴
RUHE GEI HAIZI GAO ZHILIANG PEIBAN

出　　版	天津人民出版社
出 版 人	刘　庆
地　　址	天津市和平区西康路35号康岳大厦
邮政编码	300051
邮购电话	（022）23332469
网　　址	http://www.tjrmcbs.com
电子信箱	reader@tjrmcbs.com
责任编辑	佟　鑫
装帧设计	末末美书
印　　刷	天津旭非印刷有限公司
经　　销	新华书店
开　　本	710毫米×1000毫米　1/16
印　　张	14
字　　数	170千字
版次印次	2020年1月第1版　2020年1月第1次印刷
定　　价	45.00元

前 言

这个世界上最无私的爱，就是父母对孩子的爱。所有父母都害怕孩子生病受伤，害怕孩子不能保护好自己，害怕孩子无法拥有美好的人生。于是，他们总是尽自己最大的可能去陪伴和教育孩子。

但令人遗憾的是，很多父母并不懂得陪伴的真正意义，最后让自己的陪伴失去了意义。孩子渴望的陪伴，是渴望父母能用心、耐心地陪自己，能够和自己一起交流、游戏、成长。可不少父母因为忙碌等各种原因而敷衍孩子，最终使得陪伴变得只有"陪"，没有"伴"。

孩子如同一棵树苗，需要阳光雨露的滋养才能长成参天大树。可事实上，现在很多父母不是给孩子的雨露太多，就是给孩子的阳光太烈。前者易使孩子失去独立自理的能力，后者则会让孩子过得太过压抑，甚至迷失自我。

孩子们的心灵脆弱而敏感，需要足够的安全感才能变得自信、乐观且有勇气。然而在陪伴孩子的过程中，很多父母试图用命令、威胁、强迫等错误的教育方式让孩子屈服，甚至不惜去欺骗孩子，以至于孩子的内心受到极大的伤害。

同时，孩子们渴望被接纳，渴望成为父母的骄傲，渴望成为更出色、优秀的自己。可很多父母不懂得这些，他们不能忍受孩子的不完美，不能接受孩子的不优秀。为了改变孩子，他们费尽苦心、想尽办法，却始终没有顾及孩子的感受，更没询问过孩子的意见，以至于亲子关系剑拔弩张。

正是碍于以上的种种原因，绝大部分父母虽然每天都在陪伴孩子，却没有让这份陪伴成为孩子和自己幸福快乐的源泉。虽然父母每天都想着为孩子好，但事实上却没有让孩子的身心更健康、各方面能力发展得更好。

所以我们需要知道，不是父母跟孩子在一起就叫陪伴。高质量的陪伴重在理解、尊重、接纳、鼓励和欣赏。高质量的陪伴就是应该让孩子认识到自己的价值，然后按照他们最自然的样子成长。如果陪伴没有质量，不讲究技巧，那恐怕只会事倍功半，徒增孩子的失望和烦恼。

事实上，做到高质量的陪伴并不难，只要父母放低自己，更好地与孩子进行沟通，然后付出自己的真心、耐心便足够了。

目 录

CHAPTER

01

陪伴第一阶：和孩子一起成长，是最基本的教养

　　父母对孩子的陪伴很重要，而陪伴也是对孩子快乐、健康成长最大的滋养。可事实上，并不是所有父母都懂得陪伴的含义，有些人在孩子的成长中长时间缺席，导致亲情的部分缺失；有些人只是陪着孩子，却没有给孩子关心和鼓励；有些人甚至忽视了孩子的情感需要，对其格外冷漠……

你知道孤独的孩子有多痛苦

现实生活中，父母总是恨不得把十二万分的关心都给孩子，从身体健康到学习成绩，再到技能培养面面俱到。所以绝大部分孩子，身体是健康的，学习是优异的，个人的生活技能也没有什么问题。然而有很多孩子，他们的性格总是有一些或大或小的缺陷。

那些孤独的小孩，他们总是显得不合群，不能很好地融入群体生活。即便身处群体之中，他们的内心也是孤独、自卑和害羞的，而他们的外在性格则表现得内向、木讷、寡言。成年之后，他们依旧备受孤独的煎熬，或是疏于社交。与此对应的是他们内心那份渴望他人关心，渴望能与人和谐相处的心情。常年处于这样极度的矛盾与煎熬之中使他们的生活晦暗无光，缺乏幸福与快乐。

而造成这一切的并不是孩子的性格，而是父母的陪伴缺席或是冷漠对待。我曾经在亲子乐园看到这样一个孤独、不合群的孩子：别人都是三五成群地做游戏、滑滑梯、玩蹦床，只有他一个人站在旁边看着别人玩，眼里充满着渴望。

可当我鼓励他一起玩的时候，他却倔强地走到角落里一个人搭积木。后来我和孩子的奶奶聊天时才知道，由于父母常年在外，孩子平时都是由爷爷奶奶带着。爷爷奶奶身体不好，于是便希望他能安安静静的，总是要求他不要调皮、不要到处跑。平时爷爷找人下棋，孩子就一个人坐在旁边看，奶奶去跳舞，他也在一边看，很少有机会和同龄人一起玩耍。

幼儿园搞一些亲子活动，奶奶觉得自己不适合参与，也没有精力参加，于是其他孩子的亲子狂欢却成了这个孩子一个人的孤独和煎熬。尽管老师们也体谅这个孩子，会抽出时间陪他做游戏，可是这并不能消除他的失落和孤独。

慢慢地，这个孩子变得越来越自卑、孤僻，不愿意和爷爷奶奶说话，更不愿意和别人交往。奶奶无奈地说："之前，他爸爸妈妈回来时，他都异常兴奋，缠着他们说这说那。可现在却完全相反，即便他爸妈想要和他亲近，他表现得也很冷漠。"

是啊，只能看着别人亲子狂欢，自己却无法享受父母陪伴的孩子，怎么可能不孤独？又怎么能自信和快乐得起来呢？

对于年幼的孩子来说，最大的幸福不是父母给他买昂贵的玩具，也不是享受美味的食物，而是感受到父母的陪伴和关爱。这是孩子内心最大的渴望和最基本的情感需求，当这种渴望和需求得不到满足时，他们的内心就会变得压抑和封闭，变得不再愿意与人亲近，不再愿意相信他人。

据心理学家研究显示，内心孤独的孩子，严重缺乏安全感，对周围的人常怀有戒备之心，并且总是以挑剔的眼光看待他人；他们认为自己可能会被别人伤害，虽然情感需求强烈，渴望与人亲近，可很难与人亲近，很难结交到朋友；与其他孩子相比，他们的情绪化会更严重，也更难集中精力在一件事情上……

成年之后，内心孤独的人习惯戴着面具生活，敏感又犹豫，期待又恐惧，害怕孤独又只能忍受孤独。他们的内心是非常矛盾、痛苦的，若是无法及时进行自我调节，积极地与孤独和解，很可能会不幸地度过一生。

埃隆·马斯克幼年就是一个内心孤独的小孩，8岁前他时常看不到父母，只有女管家照看他的生活——仅仅是照顾他的衣食住行和安全，除此之外并不会和他有任何交流。因此，马斯克童年是非常孤独的，无人陪伴、无人关心，更无法与其他人交流。

在这样的环境中成长，马斯克逐渐寡言少语，内向阴郁而闷闷不乐。父母离婚后，他和父亲一起生活，这使得他的情况更加糟糕——父亲专制、强势，不允许任何人提出反对意见，对马斯克更是漠不关心。所以那几年他在极其压抑的家庭环境中成长，忍受着各种精神折磨，孤独像一把刻刀深入骨髓，并在此后的数十年内使他痛苦不堪。成年后，马斯克成了著名的工程师、科技界大神，甚至被评为2017年度全球50大最具影响力人物之一。可即便如此，内心的孤独感依旧难以平息，他无法让自己真正地快乐起来。2016年马斯克在接受《滚石》杂志采访时说："当我还是个孩子的时候，我说过一件事，我不想一个人待着。"说这些话时，他痛苦无比，情绪激动，像是一个孤独且无助的孩子。

由此可见，孤独的人内心是非常痛苦的。他们在心里建造了一座孤独的城堡，禁止外人踏入，想要以此来保护自己不受伤害。可是他又渴望走出这座孤岛与他人建立亲密的关系，渴望得到别人的关心和爱。这种矛盾让他们痛苦、焦虑。试想，成年人都如此无所适从，更何况是孩子呢？

所以，父母一定要给予孩子足够的关怀和陪伴，给予他们情感上的满足，给予他们温暖、包容和尊重。当孩子们的情感需求在父母身上得到满足，内心感到幸福和快乐时，他们就不会被孤独的阴云所笼罩。

亲情缺失，可能会毁掉孩子一辈子

　　情感是人最基本的精神需求，对于每个人来说，亲情、爱情和友情都是内心深深渴望的三大精神支柱。亲情与生俱来，它最普遍却又最难适合。在亲情滋润下的孩子，乐观而幸福，犹如夏日绽放的花朵；缺少亲情温暖的孩子，孤独而坎坷，甚至生活的底色都是灰色，直至长大之后，这种沉重的灰色依旧笼罩着他的内心，让他连欢笑都变得生疏。

　　这并不是我在危言耸听。亲情缺失，不仅会让孩子处于缺爱的状态，更为重要的是会给孩子一生的性格造成严重的影响。

　　这是因为父母的爱是孩子内心深处的渴望，只有在父母的关爱和陪伴下，孩子内心的亲情部分才能得到满足，心理发展才能健全。可若是在孩子成长的过程中，父母没有时间陪伴孩子，缺少与孩子之间的沟通，使得孩子无法感受到父母的爱与关怀，那么孩子的心理就会产生变化，甚至导致人格上的缺失和性格上的扭曲。

据研究表明，"情感缺失症"正成为侵蚀孩子心灵的可怕梦魇。得不到父母的呵护和陪伴，孩子们往往在行为上和心理上表现出某种程度上的畸形发展，具体表现为怯懦、恐惧、孤僻、没有安全感、自卑、焦虑、不合群、没爱心，严重的时候可能会脾气暴躁、嫉妒逆反、有暴力倾向或人格障碍等。而"情感缺失症"的孩子绝大部分来源于单亲家庭、父母关系不和睦的家庭、把孩子单独留守在原籍的家庭，以及父母整天忙于事业的家庭。

之前在报纸上看到很多相似的新闻：留守儿童时常说想念自己的爸爸妈妈，可爸爸妈妈为了养家糊口常年在外地奔波，一年也难得见上几次。当别人问他们是否想念爸爸妈妈时，孩子们总是眼圈红红的、哽咽着说："想，可是爸爸妈妈也需要赚钱啊！他们是为了我们好！"

孩子们懂事得让人心疼，可懂事不代表他们不渴望亲情，不渴望父母的陪伴和关怀。正是因为这种渴望得不到满足，很多留守儿童的心理都出现了问题，他们或是自卑，或是叛逆，更有甚者走上错误的道路。

一名10岁男孩进入了叛逆期，每天在学校捣乱、打架，在家里也不听从爷爷奶奶的管教。他叛逆、倔强，对任何人都带有攻击性。老师实在没有办法就通知了他的爸爸妈妈，希望他们能好好地管教他。可当父母教训他时，这个男孩却说出了让父母哽咽地话："你们骂我吧，至少我还能听到你们说话！平时我总是一个人上学放学，一个人学习，一个人玩，想找爸爸妈妈撒娇都不能……"

男孩的话让人心酸不已。很多人只看到他叛逆和惹是生非的一面，却没有看到他这些行为背后的那份痛苦——亲情的缺失在他的内心留下沉重的阴影，让他感受不到父母的爱，让他没有安全感，更让他对未来缺少了那份信心和希望。

事实上，很多孩子正是因为亲情的缺失，导致心理和性格上出现缺陷，甚至因此而毁掉自己的一生。缺少爱的孩子，很容易陷入孤独自闭之中，由于无法感受到爱，慢慢地他们会产生"被抛弃"的心理投射。随着年龄的增长，这种感觉只会变得越来越强，以至于他们不知道什么是爱，不知道如何去爱，甚至失去爱别人的能力。

可以说，大部分童年缺少亲情的孩子长大后都是不快乐的，他们会不断地压抑自己的情感，很难与人发展正常的关系。之前我曾经在报纸上看到一位我国女留学生的悲惨经历，她非常优秀，以出色的成绩被麻省理工学院的斯隆管理学院录取，留学期间成绩也可圈可点。

可就是这样优秀的女孩，却在一个美好的日子里选择了结束自己的生命。为什么呢？很多人表示不解。后来人们发现这个女孩虽出类拔萃，但是却并不快乐，甚至可以说非常不幸。

她在自己的博文中说："小时候，家里生活困难，3岁的时候我便开始了一个星期只能回一次家的独立生活。在幼儿园期间，我经常感到恐惧。我没有朋友，可又是那么可笑地自闭和敏感，别人随便对我说点什么我就当真。于是，我的逆反心理非常强，小学的时候常常跟班里的男同学打架。这种没有朋友的状态一直持续到了初中。"

很多人说这位女学生的过早凋零是中国教育之觞，是孩子们无法承受压力、父母们过于追求完美的结果。悲痛之余我们不禁想到，若是她的父母能在她童年时给予足够的关怀和鼓励，驱散她心中的那份孤独和敏感，那么这场悲剧是不是就不会发生？

所以，对于教育孩子来说，最好的爱是陪伴，最好的滋养是温暖的亲情。爱孩子，就不要在情感上忽视孩子，更不要让孩子在童年缺少爱和陪伴，否则，我们不以为然的一些小疏忽很可能就会给孩子带来巨大的心理创伤。

　　用爱和陪伴给孩子的童年增添鲜亮的色彩吧！多一些陪伴，多一些交流，让孩子感到被爱，能爱别人。如此一来，他们才有能力快乐地生活。

没有比高质量陪伴更好的教育方式

这个世界上没有不爱孩子的父母，但是迫于工作压力，很多父母每天陪伴孩子的时间并不长，尤其是职场妈妈们。她们总觉得自己对孩子有亏欠，因为没有更多的时间陪伴孩子。

可我想说的是，真正高质量的陪伴并不是以时间的长短为标准的，而是看你是否真心、耐心、贴心地陪伴孩子。

做到了这"三心"，你的陪伴就可以给孩子带来快乐、幸福和安全感。这个时候，即便你每天只陪伴孩子一个小时，那么也是高质量的陪伴。可若是你做不到这"三心"，陪伴时三心二意，时不时看手机，或是表现出不耐烦地神情，哪怕你一天24小时都待在孩子身边，也无法让孩子感受到你对他的爱。

有个朋友是一位职场妈妈，她自从重新步入职场之后就深受"没有时间陪伴孩子"这个问题的困扰，担心因为自己的陪伴不够会给孩子带来很大的心理障碍。

一天，孩子的幼儿园举行亲子游戏，朋友原本已经和领导请好了假，准备第二天陪孩子好好地做游戏。可当天晚上领导就来了电话，说公司有急事需要她处理，第二天必须按时上班。面对孩子失望的脸庞，想着孩子无人陪伴的可怜，朋友感到万分愧疚和伤心。

也正是因为这件事件，让朋友彻底下了决心——辞职，用更多的时间陪伴孩子。我们几个朋友都劝她："你家女儿已经上幼儿园，最艰难的时间已经过去，你为什么非要辞职？陪伴孩子是很重要，可是也不能因此牺牲自己的事业啊！"

朋友却说："我不想给孩子带来伤害，更不想错过孩子成长的每一个美好时刻。我已经下定决心了——必须辞职！"

按理说，朋友做了这么大的取舍，应该能好好地陪伴孩子，让孩子更加快乐和幸福。可事实上并非如此，朋友错误理解了陪伴的含义，且没有找到陪伴的最好方式。现在她有了空闲时间，每天都接送孩子，也有时间参加孩子的各种活动，还时常带孩子到游乐场玩。可是在陪伴孩子的过程中，她的心态却变了。之前，她知道自己时间宝贵，与孩子相处的时间少，所以尽量全身心地投入到与孩子的游戏之中，耐心听孩子讲话。可现在呢？她觉得反正有很多时间陪着孩子，于是不再那么专心、耐心了。陪孩子玩游戏时，她会时不时地看手机，还会敷衍地说"等一会儿，我一会儿再陪你玩儿"；孩子要求她讲故事，她会不耐烦，甚至会发脾气……

结果可想而知，她与孩子的关系反而没之前那么亲密了，她有了很多抱怨，孩子也有了很多不满。

　　而另一个朋友却恰好相反。这个朋友工作比较忙，每天只有1小时的时间陪伴孩子，可这1小时却是亲子间最快乐、最幸福的时光。在陪伴的过程中，这个朋友会倾听孩子的心声，让孩子讲自己这一天遇到的高兴的和不高兴的事情，然后给予他关心和安慰。朋友还会在假日里抽出时间陪孩子一起散步、一起打球，或是一起打游戏。不管与孩子做什么事情，朋友都非常投入，从来不会看手机，更不会发泄情绪。而孩子也从来都没有抱怨过妈妈很少陪自己，反而非常体谅妈妈工作辛苦，时不时给妈妈捏捏肩、捶捶背。如此一来，朋友和孩子的感情越来越好，亲子关系也越来越和谐。

　　由此可见，并不是说付出了大量时间的陪伴就是高质量的，就是对孩子最好的。高质量的陪伴是全身心地投入互动，让孩子感受到你的真心、耐心，是成为孩子成长路上最亲密的伙伴；高质量的陪伴是走进孩子的内心，让孩子因为你的陪伴而感到快乐和幸福。

　　那么，具体来说父母应该如何给予孩子高质量的陪伴呢？首先，父母应该尽量每天都给孩子预留出时间，哪怕是陪孩子吃个晚饭，或是每天睡觉前谈谈心也好。陪孩子吃饭时，注意倾听孩子自己的想法、心声，之后再解决孩子的疑问和难题；睡觉前给孩子拥抱或是鼓励，给孩子讲讲故事，和孩子聊聊天。这些真心的陪伴都会让孩子感到温暖和安全感。

　　同时，父母要记住关掉手机，不能做敷衍孩子的"低头族"。很多家长认为孩子自己玩游戏，自己在一旁看着手机，时不时看孩子有无危险，或是时不时对孩子说："宝宝，你真厉害！"就是陪伴。殊不知，这种敷衍式的陪伴真的是亲子关系中最大敌人。孩子是敏感的，你有没有真心地投入，他完全可以感受和体会到。这种陪伴只能让孩子觉得你不关心他、不尊重他，从而使得孩子受到伤害。

　　总之，高质量的陪伴是父母给予孩子最好的教育。想要高质量的陪伴孩子，我们就需要做到之前所说的"三心"——真心、耐心、贴心，把注意力放到孩子身上，做到有效的交流与互动。

再穷不能穷教育，再忙不能晾孩子

很多父母一边抱怨孩子淘气、不听话、难管教，一边喊着忙忙忙——忙事业、忙赚钱、忙应酬……尤其是绝大部分的爸爸，几乎都不同程度地缺席孩子的学习、生活，少有时间去陪伴孩子。即便有时间在家里休息，也是手不离手机，人不离沙发，很少与孩子交流和玩耍。

一位朋友的老公就是如此。平时他总是早出晚归，孩子三五天都见不到爸爸一面，孩子没起床，他就出门上班了，孩子睡觉了，他还没有下班回家。开始的时候，孩子还比较想念爸爸，不时地问："爸爸什么时候回来？我想和爸爸玩。"可慢慢地，孩子就对爸爸疏远了，不再愿意与爸爸说话和亲近。

此时，朋友的老公并没有意识到问题的严重性，依旧整天忙于应酬和工作，无暇顾及家庭和孩子。后来在朋友的抗议下，她老公开始减少应酬，尽量在晚上9点前回家，周末也会抽出一天时间在家。可亲子关系依旧没有什么太大改善。这个时候，孩子已经对爸爸感到陌生，不敢和爸爸说话，不愿意和爸爸玩。

接下来的情景则是：孩子缠着妈妈，不愿意找爸爸。而朋友老公每天回家后不是与人打电话就是玩游戏；一家三口在游乐场玩，妈妈陪伴着孩子，爸爸则远远地等候；如果爸爸想要带孩子出去玩，孩子则可怜兮兮地说："我要妈妈！我要妈妈！"朋友老公抱怨地说："你看！这孩子根本不和我亲近，你还嫌弃我不陪她！"……

然而在我看来，作为爸爸的你没拿出时间去陪伴孩子，以至于失去了孩子的信任和爱，又怎么能怪孩子不愿意和你亲近呢？爱是相互的，只有付出才会有回报。世上没有不爱父母的孩子，没有不愿意爸爸陪伴自己的孩子，如果父母始终因为忙于工作而把孩子晾在一旁，孩子当然不愿意亲近父母。

而且，我可以断言，若是我这位朋友的老公不赶快改变自己，多抽些时间陪伴孩子，多和孩子培养感情，终有一天会和孩子的隔阂越来越大，到那时候后悔也来不及了。

当然这一点不仅限于这位父亲。身为父母的我们，不管工作多忙、时间多紧张，也不能忽视孩子，把孩子一个人晾在一旁。若是父母缺席孩子的成长，不仅会影响亲子关系，还可能给孩子的成长带来巨大的影响。

曾经在网上看到一则令人深省的故事，名叫《等一会儿，聪聪》，讲述了一对父母对于孩子的忽视以及敷衍的陪伴。

一个名叫聪聪的小男孩想要和爸爸妈妈玩，于是说："爸爸……"可他还没说完，爸爸就打断了他，说："等一会儿，聪聪，爸爸现在没有时间。"聪聪只好去找妈妈，可妈妈也说："等一会儿，聪聪，妈妈现在正在忙。"

聪聪只好一个人来到花园，在花园，聪聪遇到了一头野兽，他好奇地说："你好，怪兽！"谁知野兽一口就把聪聪吃掉了，吃掉聪聪后，野兽走进聪聪的家。野兽走到聪聪爸爸的背后，碰了碰爸爸，爸爸仍然头也没有回，说道："等一会儿，聪聪，爸爸现在没有时间。"于是野兽张大嘴巴，一口吃掉了爸爸。

随后，野兽又走向妈妈，妈妈听到了脚步声，就把饭菜端到了桌子上，没有回头地说道："聪聪，你先吃饭，然后再看会儿电视吧！妈妈正在忙，等一会儿再和你玩！"

野兽吃掉了晚饭，就看起了电视。过了一会儿，妈妈说道："聪聪，你该上床睡觉了。我已经把牛奶放到你床前了。"这时，野兽大叫一声，说："喂，我是一头野兽！"可妈妈却好像没有听到一样，依旧说着："乖，聪聪，好好睡觉吧！妈妈现在有点忙，一会儿陪你！"

看完这个故事，你是不是感觉很伤感？可事实上，这样的故事每天都发生在我们身边，很多父母在家时都没能有效地陪伴孩子，反而始终以忙碌为借口敷衍着孩子、冷落着孩子，以至于使得孩子的心里伤痕累累。

马东曾接受某节目采访时说，他的生命底色是悲凉。因为父亲陪伴事业的时间远远超过陪他的时间，以至于父亲在他的记忆中是一个相当陌生的角色。再加上母亲的工作也比较忙碌，所以马东小时候都是一个人默默长大，缺少了同龄人所拥有的与父母间的亲子快乐。

虽然说世上没有不爱孩子的父母，可是不愿意花时间陪伴孩子，或者因为事业忙碌而把孩子晾在一旁的情况却比比皆是，这些缺失的陪伴真的会对孩子造成很大的伤害。这种缺失的陪伴会在孩子幼小的心灵中留下阴影，哪怕父母在之后给予再多的补偿，这些阴影也会在孩子未来漫长的一生中留下深远的影响。

多年之后，孩子仍然会记得，在某个节日，父母没有时间陪伴自己，自己只能看着别的小朋友和父母开心地玩耍；孩子会记得，自己的童年记忆中只有自己一个人独自上学、独自玩耍、独自高兴和伤心……

同时因为缺失父母的陪伴，孩子在成长过程中的一些情感没有释放和宣泄的出口，孩子的心声没有可以倾诉的对象，孩子的安全感得不到依托，最终生命的底色变成灰色，内心变得不快乐。

所以说，当身为父母的我们没有时间陪伴孩子的时候，请不要理直气壮地说："我工作太繁忙了！难道我不想多陪陪孩子吗？""我这么忙碌是为了谁？不就是为了给孩子营造好的生活条件吗！"……

孩子的成长是不可能等待我们去弥补的，对于孩子的成长来说，我们错过了他们的成长，就是永远错过了；孩子的一些性格缺陷和不良心理一旦错过了童年这个最容易纠正和改善的时期，就会给他的成长带来巨大的危害。

如果你爱孩子，就给予孩子足够的陪伴。因为，没有哪一种爱比给予孩子全身心地陪伴更能让孩子感到满足和快乐。

父亲能陪伴，孩子更优秀

生活中我们总是看到这种情况，为了陪伴孩子，职场女性脱下高跟鞋、职业装，成为全职妈妈，这些全职妈妈们每天叫孩子起床、做早饭、送孩子上学、陪孩子做游戏、辅导孩子做作业……而爸爸们早出晚归，忙于工作和应酬。即便在家休息也如同消失一般，很少和孩子游戏、交流；而职场妈妈即便不辞职在家，教育和陪伴孩子的重任也会落在妈妈身上，每天除了应付工作、家务，还要照顾孩子的衣食住行、学习作业。

在中国，父亲的陪伴缺席是现实，更是我国绝大部分家庭教育的一大问题。不信我们来看看这一系列调查数据：

中国青少年研究中心曾经发表的"当代中国少年儿童发展状况调查"中，数据显示仅有10%的少年儿童在心情不好时，能够得到父亲的理解和安慰；仅有6.9%的少年儿童在空闲的时间和父亲待在一起的时间最长；仅有15.5%的少年儿童觉得父亲尊重自己，能让自己感到自信；仅有8.5%的少年儿童愿意把内心的秘密告诉父亲。

还有一项调查数据显示，60.7％的人认为现在的孩子缺失父教，46.9％的人认为在自己的成长过程中母亲承担了更多的教育责任，而仅有13.0％的人表示父亲承担了更多的教育责任。

种种数据调查都在显示，在孩子的成长过程中，绝大部分父亲把教养孩子的责任推到妈妈的身上。然而这些父亲并没有意识到他们犯了严重的错误，当然，有的父亲不知道其中的利害关系，有的父亲则是心里明白却想找借口。

每当妈妈们抱怨爸爸不陪伴孩子的时候，爸爸们总是会理直气壮地说，"我要赚钱啊！我工作也很辛苦啊！""我也想陪孩子啊！可是我的工作真的很忙！""妈妈的陪伴是最重要的，孩子有妈妈陪伴就够了！"

那么，孩子真的有妈妈陪伴就够了吗？当然不是！这种想法是大错特错的。相对于只有妈妈的陪伴来说，有父亲陪伴和教育的孩子会成长得更优秀，也更容易走向成功。

就像弗洛姆在《爱的艺术》中所说："妈妈代表大自然、大地与海洋，是我们的故乡；爸爸则代表思想的世界——法律、秩序和纪律。"在父亲的陪伴下，孩子会更自信勇敢、有主见和有想法，因为男性是力量的象征，父亲的陪伴可以给孩子力量和勇气；在父亲的陪伴下，孩子的自控能力会更强，会懂得如何保护自己，因为父亲的思维偏于理性，不会像母亲一样溺爱孩子；在父亲的陪伴下，孩子内心的安全感会更强烈，不容易产生自卑心理，也不容易产生自我怀疑。因为父亲是孩子最好的靠山，有了父亲，孩子就有了主心骨。

这样的结论是来自现实生活的总结，也是来自美国耶鲁大学的专业研究。这项研究还指出，有父亲陪伴成长的孩子智商高，在学校里的成绩会更好，走向社会后也更容易成功。相反，若是孩子从小就缺失父亲的陪伴，那么就很容易敏感、自卑、缺少安全感。

隔壁邻居的儿子瑞瑞就是如此。瑞瑞已经16岁了，按理说这个年纪的男孩应该活泼阳光、大方率直，可瑞瑞恰好相反，他性格内向、腼腆害羞。这孩子每次看见我都不爱打招呼，若是我和他打招呼，他总是腼腆一笑，微微地点头之后就低头离开。我也很少见瑞瑞和朋友们打篮球、踢足球，据他妈妈说，他总是在家看书、听音乐，几乎没什么朋友。

瑞瑞之所以这个样子，其实就是因为小时候他的爸爸常年在外地出差，基本是妈妈把他抚养长大的。缺少父爱，再加上妈妈比较温柔，所以造成了瑞瑞胆小自卑、不自信，甚至缺少安全感的样子。

当然，这里不只是特指男孩，女孩也需要父亲的陪伴。父亲，这一角色不应该成为孩子熟悉又陌生的人，不应该成为孩子有求必应的"提款机"。真心地留出时间，给予孩子高质量的陪伴，与孩子一起游戏、学习，孩子的童年才能更加快乐、幸福，孩子的一生才能拥有自信、成功和美好。

让孩子独立，是孩子和父母的共同成长

前段时间看了这样一段视频：

美国加州一个3岁的小男孩竟然可以为妈妈准备晚餐，其熟练程度让所有人为之惊叹。小男孩一个人推着购物车到超市买面包、果汁等食物，然后用从花园采的鲜花布置餐桌，用烤箱烤面包，用微波炉煮千层面。

之后，他开始为妈妈倒饮料、摆放餐具，虽然不小心摔了一跤，把果汁弄洒了，但是他并没有哭闹，而是熟练地用抹布把地上的果汁清理干净，然后继续完成接下来的工作。

看完视频后，我不禁感慨：仅仅3岁的小男孩就如此独立、勇敢，再看看我们身边的绝大部分孩子，即便到了十几岁依然是衣来伸手，饭来张口，严重缺乏生活自理能力，更缺乏独立自主意识。为什么我们的孩子和人家差别那么大？

事实上，这个问题的答案绝大部分的父母都心知肚明。没错，问题的关键在于父母的不放手。很多父母爱孩子，就会凡事都为孩子着想，事事都为孩子代劳，却从来不放手让孩子自己做事，自然也不可能教他们独立解决问题的能力。

结果，孩子什么都不懂，什么都不会，被养成了连自理能力都没有的巨婴。这个时候，父母还美其名曰是为了孩子好，想要把孩子永远保护在自己的羽翼之下。殊不知，这样的做法给孩子的成长带来了巨大的隐患——失去了独立解决问题的能力，丧失了应有的责任心。

可以说，没有独立能力的孩子，谈不上成长。即便他的年龄和身体都在成长，可内心却始终是一个婴儿。如果父母只想着陪孩子、照顾孩子，却始终不让孩子独立，那最后只会害了孩子。

还记得那个神童魏永康吗？这就是父母把孩子养成巨婴，害了孩子一生的典型。魏永康的天才事迹曾经被人们口口相传，所有人都在赞叹这个世界上竟然有如此天才：2岁就掌握1000多个汉字，8岁考入县属重点中学读书，13岁以优异的成绩考入湘潭大学物理系——成为当时湖南最小的本科生。之后，他又考上中科院高能物理研究所，硕博连读。

然而，就像是我们熟悉的"伤仲永"一样，魏永康的传奇经历同样没有延续下去。20岁，魏永康被学校劝退，连硕士学位都没有拿到。更令人吃惊的是，他被退学的原因竟然是生活不能自理。

魏永康虽然是学习上的天才，却是生活上的白痴，甚至可以说连最基本的自理能力都没有，更别说独立解决其他问题了。而这一切的根源就在于魏永康父母对他的溺爱。从魏永康8岁起，妈妈就开始陪读，照顾孩子的生活起居，而魏永康只要读好书就可以了。他从小到大几乎没做过家务，包括洗衣、做饭、甚至洗脸都是妈妈代劳包办。读高中的时候，妈妈为了让他抓紧时间读书，还时常喂他吃饭。即便魏永康进入大学，妈妈依然寸步不离地跟着他。

到了中科院，妈妈没办法陪读了，魏永康只能一个人生活。可离开妈妈之后，由于缺乏最基本的自理能力，他根本没办法照顾自己：因为不会洗衣服，衣服便很长时间都不洗；不会打扫卫生，屋子里就乱糟糟、臭烘烘；不知道热了换薄衣服、冷了加厚衣服；没有时间观念，生活没有规律。甚至连上课、考试的时间都会忘记。最后，他因为没有参加一门学科的考试，没写毕业论文而失去继续攻读博士的机会，被学校劝退。被中科院退学后，魏永康始终都没有找到好的出路，由于生活的"不适应"，求职的道路非常坎坷。

可以说，是他父母的过分溺爱和保护害了魏永康。若是他母亲能够早点放手，教会他如何独立，教会他处理问题的能力，那么魏永康一定不会变成后来的样子。

我们不能否认他的母亲是爱他的，如果不是的话，她也不会无私奉献、全心付出。可就是这份"错爱"让一个天才少年成了一个生活不能自理的人。所以说，爱孩子，不意味着把孩子绑在身旁，把孩子保护得密不透风。身为父母，我们陪伴孩子的时间有限，没有时间和能力陪伴他走完他的人生。

真正爱孩子的父母应该学会培养孩子的独立能力和意识，给孩子不断学习、成长的机会。与此同时，在陪伴孩子的过程中，我们还应该学习不断完善自我、修炼自我，与孩子一同进步和成长。

著名心理学家西尔维亚的那句话："这世上所有的爱都以聚合为最终目的，只有一种爱以分离为目的，那就是父母对孩子的爱。"给予这份独立是孩子的成长，更是父母的成长。

陪伴第二阶：自我觉醒，给孩子最好的原生家庭

　　父母给孩子最好的礼物，就是一个高品质的原生家庭。因为，无论是孩子的脾气秉性、生活习惯、三观认识、还是人生准则都带着原生家庭的烙印。所以，父母们应该努力给孩子营造良好的成长环境，给孩子正面的影响，让孩子变得更好。

别让原生家庭成为孩子的痛苦源泉

有人说过，一个人的原生家庭，就是他的宿命。一个孩子的命运，会被父母刻上深深的烙印。

孩子本身是一张白纸，充满了无限的美好和未来。可当命运的大手把他放入某个原生家庭之后，父母的性格、三观以及对孩子的教育都将对孩子产生巨大的影响。从此，孩子的言行举止、情绪情感、人生态度都会不知不觉带上父母的影子，甚至他一生的轨迹都可能摆脱不了父母的影响——这影响有积极的，也有消极的。

影视剧《都挺好》的热播，就让人们再一次讨论起父母对于孩子的教育，以及原生家庭给孩子带来的影响。我是为了郭京飞和倪大红的对手戏才看这部剧的，可观看的过程中却对"苏明玉"这个角色产生了敬佩和怜悯之心，深深领悟到"重男轻女"的原生家庭对于孩子的内心造成的伤害有多大。

一开始，我觉得苏明玉有些不近人情——母亲去世后，她虽然出钱出力，却没有明显的悲伤情绪；对大哥冷漠、疏远，对二哥刻薄、记恨。可等她回忆了过去的时光后，我才知道这一切都是事出有因。

在她的原生家庭中，母亲重男轻女，极度偏爱她的大哥和二哥，对明玉苛刻、冷漠。两个哥哥每天什么家务也不用做，早饭是牛奶加鸡蛋，而明玉却需要做家务，早饭没有牛奶，也没有鸡蛋；明玉想要报补习班，妈妈嫌弃她花钱，一口就拒绝了。可当二哥说要去旅行时，妈妈却想也没想就答应了；大哥要出国留学，妈妈就卖掉了明玉住的房间。然而等到明玉上大学时，妈妈却逼迫明玉上免费的师范学校。只因为她觉得女孩子上大学没有什么用处……

在这样的原生家庭中，明玉受尽委屈和不公，好在她有能力、能吃苦，又遇到自己的贵人，这才成就了不错的事业。可即便如此，明玉的内心也是痛苦的，她渴望母爱和家庭的温暖，渴望得到别人的理解，却因为曾经的伤害而不敢相信爱，不敢与人亲近——她对同事冷漠，不敢接受爱慕者的追求；她记恨母亲，不想活成母亲的样子，可是她却如同母亲一样强势。实际上，她的内心是脆弱的、敏感的，只是用强势来掩盖自己的脆弱，用疏远来避免自己受到伤害。

幸运的是，最后明玉拯救了自己，不仅和二哥、父亲和解，原谅了母亲，也和自己和解了。她靠着自己的力量走出了内心的阴影，学会了如何去接受爱和如何去爱，让自己的内心和生活不再是灰色。

然而，并不是所有被原生家庭伤害过的人都能靠着自己的力量走出阴影，从而让自己的人生变得更加美好和精彩。事实上很多人因为父母的忽视、亲情的缺失、家庭关系的不和，受到极大的伤害。在这样不良环境中成长的孩子内心敏感、自卑，性格孤僻、固执。直到他们成年后，这些不良的性格依旧困扰着他们，让他们的生活充满了不幸。更为重要的是，他们怨恨自己的父母，想要摆脱原生家庭，却又深受父母的影响，最终成为另一个翻版的父母。

绘画天才达·芬奇是一个私生子，父亲是一个富有却花心的男人，娶过好几位妻子，而母亲则是他父亲家中的女仆，虽然温柔善良，但一生都没法成为他父亲的妻子。

童年时期，达·芬奇就被带离母亲身边，跟父亲和继母生活在一起。然而他的父亲并没有给他太多的关心，那些继母自然也没有善待过达·芬奇。有的继母对他不管不问、冷漠以待；有的继母对他非常苛责，不是打骂就是训斥。因此，童年的达·芬奇几乎没有感受到任何亲情、关心和爱，所以他内心非常缺乏安全感，对家庭非常排斥，对女性也非常反感。因此，达·芬奇一生都没有结婚，也没有孩子。可他又非常渴望母爱，只能借助画作来抒发自己的情感，所以画中很多美丽、端庄的女性角色就是母亲的化身。

由此可见，特殊的成长经历和原生家庭真的会影响一个人的人生轨迹。不管这个人天赋有多高，后天接受多好的教育，也不管他成就多伟大的事业，父母的影响永远也无法抹灭。

正因为如此，身为父母的我们应该给孩子温暖的家庭、良好的教育，并且身体力行为孩子树立正确的三观，如此才不会让原生家庭成为孩子痛苦的根源。

虽然我们可能做不了最好的父母，给予不了孩子最好的物质条件，但是我们应该努力给他最好的家庭环境。让孩子在尊重、关爱的环境中成长，如此，孩子才能懂得爱与被爱，才能自信、乐观；应该用正确的方法和观念来教育孩子，塑造他们美好的性格和心灵，如此，孩子才能更好地成才。

真正去爱孩子，给他一个好的原生家庭，这才是父母给予孩子最好的礼物。

家庭仪式感，对孩子到底有多重要

《小王子》里说，仪式感是使某一天与其他日子不同，使某一时刻与其他时刻不同。虽然很多人说仪式感是矫情，可我始终认为生活不能没有仪式感，仪式感可以让我们身边那些平凡的小事变得与众不同，可以给我们的生活增添色彩和乐趣，更可以让我们增加对幸福和快乐的敏感程度。

孩子的成长过程就是他们发现和探索这个世界的过程，那些对于父母而言做不做都可以的事情，甚至一些对于大人来说简单、无聊的事情，对于孩子们来说却有可能是意义非凡的。如果我们顺势给这些小事增添仪式感，那么孩子就可以更好地感受到其中的惊喜和快乐，内心感到满足。

当然，营造家庭仪式感并不难，只要父母足够热爱生活，用心地对待生活中看似平凡的小事便可以了。比如说，孩子出门前，妈妈给予的一个拥抱或是鼓励；睡觉前，父母对孩子说一声晚安；生日时，父母给孩子布置一下房间，举办一个生日派对；学校举行亲子活动时，父母精心打扮后积极参加……

这些看似很小的事情，却能够给孩子一种强烈的心理暗示——我是幸福的！我是受父母爱护的。让孩子更直接地感受到父母对他的爱、重视、尊重，感受到成长的乐趣和幸福。

我认识的一位姐姐就非常重视家庭仪式感，不仅会在特殊日子给孩子惊喜，还特别注重给孩子制造不一样的仪式。她家孩子上幼儿园时，这位姐姐特意给孩子买了一套小礼服，举办了一场小小的入学仪式。有朋友取笑她说："不就是上个幼儿园吗，小孩子什么也不懂，你怎么还举办入学仪式啊！"这位姐姐只是笑着说："我只是想给孩子留下一个美好的回忆。"

孩子幼儿园毕业的时候，学校也举办了毕业典礼。当时这位姐姐特意请了假，推掉手中重要的工作，去参加孩子的毕业典礼。同事们都劝她："幼儿园毕业典礼只是走个流程，你不用这么大费周章。再说了，之后还有小学、大学，难道你都要如此吗？"

这位姐姐说："当然！幼儿园毕业典礼虽然只是个形式，但却是孩子告别幼儿，进入小学的标志。这是孩子的第一个毕业典礼，我怎么能不参加呢？不管是幼儿园、小学还是大学，都是孩子成长过程中重要的经历，我都应该给他留下美好的回忆。"

在这位姐姐的教育下，她的孩子非常乐观、开朗，对生活充满热爱，平常积极参加各种社会活动，成绩优秀，同时也会在母亲节、父亲节给父母制造惊喜。

王小波曾经说过："一个人只拥有此生此世是不够的，他还应该拥有诗意的世界。"仪式感不是矫情，更不是虚张声势，它是我们对待生活的态度，是我们对生活的热爱和尊重。开学前的新书包、生日会的小礼物、离别的拥抱……这些都是我们对孩子爱的体现，更是我们给予孩子最好的礼物。

确实如此，对于大人来说，做不做这些"小事"没有什么太大的区别，可对于孩子来说，却会有完全不一样的感受。如果父母善于营造仪式感，重视给孩子制造惊喜，那么孩子对于幸福和快乐的理解就会更深刻，同时对自己的生活都会更加热爱。可若是父母不重视仪式感，时常对孩子说："小孩子过什么生日！""这些节日都是国外的，我们才不崇洋媚外！""上个学而已，买什么新书包！"之类的话，那么孩子对于美好生活的期待就会少很多，长大之后也会不懂得热爱生活、享受生活。

之前认识一个朋友，她就是一个特别"务实"的人，与其说她不懂得浪漫，还不如说她缺少一颗用心生活的心。她和丈夫恋爱时就不喜欢浪漫，若是丈夫给她买礼物或是鲜花，她就抱怨地说："这一点都不实惠，还不如请我吃顿火锅呢！"以至于他们夫妻两人的生活中从来没有情人节，没有庆祝过结婚纪念日，生活过得越来越枯燥乏味。

现在她的孩子已经10岁了，却几乎没有经历什么有仪式感的节日，即便是生日也只是买个蛋糕、吃个饭而已。这一年万圣节，学校准备举办一个盛大的晚会，很多孩子的父母都给孩子买万圣节的装饰品、衣物，甚至还亲自到班级里给孩子们布置现场。可这个朋友却不屑一顾，说，"什么不喜欢过'洋节日'""学校只会麻烦家长"之类的话。最后，她只给孩子做了一个简单的面具，找了一个棕色的衣服。可想而知，别的孩子都是兴奋地玩耍，而她的孩子则非常失落。自此之后，孩子越来越孤僻、顽固，与她的关系也越来越差。

所以，不要觉得这是浪费时间，更不要觉得这可有可无，当你的用心让孩子感受到爱与安全感，让孩子赢得信心和认同感，那么孩子便可以更好地成长。

家庭仪式感，对孩子来说是非常重要的。所谓仪式感，并不只是简单的一个拥抱或是一个小礼物，而是为了告诉孩子，父母是爱他的，想要给他最好的；所谓仪式感，并不只是简单的仪式，而是为了告诉孩子什么是值得提倡的，什么是值得纪念的；所谓仪式感，并不只是互道"早安"和"晚安"，而是为了告诉孩子，你有家人的支持，你可以带着爱和安全感出门或是进入梦乡。

你给孩子什么样的仪式感，就给了孩子什么样的幸福感、价值感。

父母的素养，决定孩子未来的模样

前段时间看到一则新闻：某小区出现惊魂一幕，两个灭火器从高层掉落，其中一个差点砸到一位女士；另一个砸中了一辆电动车，电动车踏板被砸烂。

经过调查，这两个灭火器是一名13岁的孩子从高层扔下来的，而目的可能只是为了好玩而已。虽然孩子的家长已经向全体居民赔礼道歉，但是居民仍然觉得此事非常可怕，万一这熊孩子不服从管教，继续高层抛物，砸到人怎么办？于是，该小区全体居民拒绝接受该孩子家长的道歉，并且要求他们搬离小区。

此事一出，社会上关于"熊孩子"的讨论又掀起一股热潮，所有人对各种熊孩子的熊行为都是厌恶无比，可又不能打，不能骂，只能又摇头又哀叹。比如，熊孩子乱扔垃圾、随地吐痰，别人批评之后，他们不仅不改正错误，反而故意为之；熊孩子到餐馆吃饭，不是大声叫喊就是到处跑闹，被制止后反而越叫越大声；熊孩子到亲戚家做客，乱翻别人的衣柜，抢走别人心爱的玩具——遭到拒绝后就大哭大闹，得逞之后就眉开眼笑，甚至还会冲着你做鬼脸……

　　然而让人最头疼的并不是这些熊孩子，而是那些熊孩子背后的熊家长。在家在外，这些熊家长都纵容自己的孩子，即便是孩子犯错，他们也觉得没有什么大关系。我不止一次遇到这样的熊家长，当别人指出孩子的错误时，他们或是毫不在意，或是恼羞成怒地说："孩子小，你怎么和孩子计较！""小孩子淘气是正常的！""你没有孩子，等你有孩子了，就不会苛责孩子了！"相信，你肯定也遇到过吧！是不是也对熊爸妈和熊孩子感到不堪其扰呢？

　　一些熊孩子可能确实是年龄太小、不懂事，可是父母作为大人，难道也不懂社会公德吗？所有人都知道公共场合应该安静、遵守规则，别人的东西不能乱碰，别人不愿意赠予不能强求，为什么一些熊父母却不知道呢？甚至这些道理很多小孩子都能懂得，为什么熊爸妈偏要纵容自己的孩子呢？

　　只要家长教育得当、品行好、三观正，那这个世界上就不会出现所谓的熊孩子。孩子是父母的一个剪影，从小就看着大人学说话，学着大人做事，大人的一言一行都对孩子的成长起到了潜移默化的作用。试想，一对斯文有礼、举止大方的父母，怎能教出顽劣、无礼的孩子？生活在霸道、无礼家庭氛围中的孩子，又怎么可能做到友爱他人、彬彬有礼呢？

　　在社会这个大环境中，孩子接受同样的学校教育，为什么有的孩子品行好、素养高，而有的孩子却顽劣、无礼，成为人人口中"讨厌的熊孩子"？原因就是这个。

　　如果你不相信，我可以给你讲两个截然相反的家庭：一个家庭是爱德华家族，父亲是博学多才的哲学家，为人真诚勤勉，治学严谨。在这样的家庭环境中，他的子孙也都是非常出色的人物，其中包括13位大学校长、100多位教授，80多位文学家，60多位医生。

另一个家庭则是珠克家族，父亲是一个酒鬼和赌徒，平时嗜酒如命，无所事事。而他的子孙也几乎没有一个成才，大多数都是乞丐和流浪汉，其中60多人是诈骗犯或盗窃犯，7人是杀人犯。

正如卢梭在他的《爱弥儿》中写道："人的教育在他出生的时候就开始了，在他不会说话和听别人说话以前，他就已经受到教育了。"教育始于家庭，始于父母，孩子就是父母的影子。

所以，身为父母我们平时要多自省、自审，培养孩子好的品德和行为，给孩子一个好的教养。当然，教养是一个润物细无声的过程，这不需要你讲太多的大道理，只需要给他们做好榜样，让他们去感受、去实践就可以了。

"战火"中成长的孩子，真的满心是伤

幸福、和谐，还是争吵、不和？每个原生家庭都会给子女的成长烙上深深的印记。而争吵，无疑将给孩子的人生刻上"不幸"的烙印。

相信很多人都看到过这个视频：一个6岁的小男孩报警，说自己的父母时常打架，自己不明白他们为什么总是这样。不管自己多么伤心，他们都不管不顾，只知道不停地争吵。

当警察安慰男孩的时候，他一边流泪一边指着墙上父母的结婚照，对父母说："你们能不能像照片那样！"——照片中父母恩爱的样子，成为这个年仅6岁男孩最大的奢望。

看完这个视频之后，我心疼这个孩子，更无法原谅孩子的父母。因为，父母的吵架带来的，永远都有一个满心伤痕的孩子。

或许父母争吵只是因为一时的情绪失控，或是一时的言语不和。没过多少时间，情绪平稳了，他们又会恢复和睦。可是孩子的内心是脆弱的、敏感的，当孩子

看到父母激烈的争吵、面目的狰狞时，父母的争吵就像是一个巨大的漩涡，把他卷入到痛苦和恐惧之中。

据一项调查研究显示：父母经常吵架的家庭中，孩子心理出现问题的概率高达32%，比离异家庭的概率还要高出两个百分点。面对父母无休止的争吵，孩子会产生强烈的不安全感，甚至把父母吵架的原因归咎到自己身上。他们会认为：是不是因为我的错误才导致爸爸妈妈吵架，是不是爸爸妈妈不爱我才每天都生气？

更严重的是在一次次面对父母吵架后，孩子可能养成面对他人时习惯小心翼翼，过度敏感，恐怕自己的行为招来别人的反感或是厌恶；习惯委屈自己来讨好别人，一旦别人情绪不对，就会觉得是自己的错，甚至产生自我厌恶的心理。

悲伤的是，现实生活中，很多身为父母的人不是不懂得这个道理，我之前接触过一个性格内向、敏感的小男孩，他从小就是在父母的"战火"中成长的——父母都是暴脾气，动不动就大吵大闹，有时甚至会动手。每当这个时候，男孩就一个人缩在屋子里，不敢出声、瑟瑟发抖。

好在父母虽然时常争吵，却很少对他发脾气，也不会迁怒于他。但是哪怕他的父母其他方面做得很好，男孩的性格和心理仍然存在着很大的缺陷：他对别人很难产生信任感，习惯猜测别人的内心——别人一个不经意的动作，都会让他浮想联翩，想自己是不是做错了什么，是不是得罪了对方。他非常害怕别人吵架，一旦看到别人争论，就会立即选择逃避。

正如蒙台梭利说得一样，我们对孩子所做的一切，都会开花结果，不仅影响他的一生，也决定他的一生。在父母的所有行为中，吵架是对孩子心灵伤害最大的，足以让孩子一生都生活在恐怖的阴影中。

所以，为了孩子的幸福，父母应该为孩子营造和谐亲密的家庭环境，让孩子感受到家庭的温暖和安全。如此一来，孩子才能健康快乐地成长，并且把父母的爱不断地延续。

　　退一步讲，即便父母间存在着矛盾，关系也不再和睦，那也应该平和地解决问题；即便做不到心平气和，也应该避着孩子，而不是当着孩子的面争吵。

付出一切却被孩子嫌弃？这问题在于父母

　　绝大多数父母都对孩子掏心掏肺，尽可能为孩子提供最好的物质条件，希望给孩子的成长创造一切可能的机会。可付出就有回报吗？显然不是，很多孩子并不能明白"父母的苦心"，而是一边向父母索取，一边嫌弃父母。

　　曾经一位网友在网上发表过一句话："我努力优秀，就是为了让自己能早日摆脱那个无能无知的原生家庭。"网友们针对他的这句话展开了激烈讨论，都说他不知感恩，是个典型的"白眼狼"，并且可怜那对被自己孩子嫌弃的父母。

　　可我要说，父母付出一切却被孩子嫌弃，过错根本不在孩子本身，而在于父母教育的失当。很多父母对孩子有求必应，过度溺爱，即便孩子提出无理、非分的要求，父母也是咬牙答应，根本没有想过拒绝；孩子的事情都由父母包办。孩子在家里习惯了衣来伸手饭来张口，不管是孩子还是父母都觉得这是理所当然；父母什么苦都不让孩子吃，只需要孩子学习成绩好就可以了……

　　这样的溺爱，会让孩子不知道感恩，认为所有的事情都是理所当然。一旦父母不能满足他们的要求和愿望，孩子就会心生怨恨，甚至嫌弃父母"无能"。更重要的是，被溺爱的孩子会表现出冷漠、内心自私、体会不到父母的艰辛、更不懂得爱和关心父母的品质，甚至如果父母哪方面做得不好，孩子还会觉得父母给自己丢脸。

我曾经遇到一个高中生的母亲，她和孩子的父亲都是普通工人，四十多岁才生了这个宝贝女儿。虽然家庭条件并不富裕，可夫妻两人并没有让女儿受委屈，从小就非常宠爱她，别人有的玩具女儿都有，别人上的培训班女儿都上。为了给女儿过生日，夫妻两人每年都花几百元买蛋糕，然后自己在那个月省吃俭用。夫妻两人还从来没让女儿做过什么家务，就连洗脚水都是给她端到床前。

好在这个女儿也比较争气，努力地读书，学习成绩名列前茅，还考上了市里的重点高中。可随着孩子越来越大，见识越来越广，她就越来越嫌弃自己的父母和家庭。父亲每天回家都穿着工作服，身上难免有些灰尘、油渍，之前女儿还会帮父亲把衣服拿到卫生间，可现在却总是嫌弃爸爸脏。

母亲每天下班之后都匆匆忙忙地赶回家做饭，一边做饭一边和父亲聊着厂里的事情。由于两人分别在厨房和客厅，说话的声音难免大一些，可在女儿耳中，这些声音变得越来越刺耳。有一天，她冲出房间，大声地对父母喊道："你们说话这么大声，真是烦死了！"

学校开家长会，之前女儿都是催着父母参加，告诉他们千万不能迟到。可现在女儿却不愿意他们参加，怕同学们知道自己的妈妈只是名工人，会嘲笑她。

这些事情虽然让她的父母有些伤心，但是却没有怪罪孩子，反而责怪自己没能给孩子最好的家庭。然而最近一次，女儿的做法却伤透了这个母亲的心：这一年女儿生日，夫妻两人便想着同往年一样买个大蛋糕，一家人快乐地庆祝一番。可女儿却提出要上某商场的西餐厅吃饭，因为别的同学时常去，自己却一次都没有去过。

虽然觉得西餐厅贵、不实惠，但他们还是答应了女儿的要求。然而，毕竟两人一辈子都没有进过西餐厅，更没有吃过什么西餐，所以根本不知道如何点餐、如何使用刀叉。看着父母扭捏、尴尬的样子，女儿不仅没有为他们解围，反而一边吃着牛排一边嫌弃地说："你们连西餐都不会吃，真是太丢人了！"

这还不算结束，等回家之后，女儿竟然大发脾气地说："和你们一起吃饭，真是太丢人了！叉子不会拿，牛排不会切，我的脸都被你们丢光了！"听了女儿的话，这位母亲瞬间泪如雨下。

最后这位母亲无奈地和我说："我们辛苦地付出，怎么就招来女儿的嫌弃？虽然我们养育女儿不求回报，但是她这样不知感恩，我们真的很伤心。"

可悲的是，这样的孩子并不在少数，很多父母省吃俭用供孩子上学，孩子反过来却嫌弃父母"没文化""没能力"；很多父母为孩子提供最好的生活条件，孩子反过来嫌弃父母没能给他更好的平台，没能让自己成为"富二代"；很多父母宁愿自己省吃俭用也给孩子买手机，可孩子却嫌弃父母不能给自己买"苹果""三星"。甚至有的孩子竟然说出"我宁愿不生在这样的家庭"这样的话……

我非常同情这样的父母，可不得不说，问题的关键就在于他们的无条件付出且不求回报。这些父母的溺爱，使得孩子养成了错误的价值观，成了令人厌恶的"白眼狼"；父母的错误教育，使得孩子变得冷漠无情、不知感恩，嫌弃自己的父母和家庭。

若是他们不能改变自己的教育方式，恐怕很难不被孩子嫌弃。因为，孩子的思想错误，就是父母教育的失误，是父母没有给孩子一个好的原生家庭。想要让孩子知感恩、不自私，父母就应该给他们最好的原生家庭，而不是给他们无尽的溺爱。

当然，最好的原生家庭是教会孩子什么是爱和被爱，如何去独立、自主，如何友爱、体谅他人，如何付出和孝顺。

一个8岁的小男孩在作文中写道："我的爸爸生下来就只有一只眼睛，另一只眼睛失明了。可即便如此，爸爸也非常厉害，系着绳子在高楼之间飞来飞去刷油漆，就好像是蜘蛛侠一样。我觉得我的爸爸就是一个超级英雄，他带我们走出了大山，看到了光明。"

看到了吧！这个男孩的爸爸只是农民工，且身体有残疾。但是孩子并没有嫌弃他，反而觉得他就是自己心目中的英雄。虽然这个原生家庭没有给男孩最好的物质条件，但是男孩却爱爸爸，并且乐观，对未来充满希望。

这才是父母对孩子最好的教育。

别让父母的短视，毁了孩子看世界的心

近些年来，人们似乎明白了一个道理：眼睛所到之处，是成功到达的地方。一个人想要看到更远的美景，就必须让自己站得更高。同样的道理，父母的眼睛所到之处，藏着孩子的未来。

这是因为父母是孩子的引领者，他的性格、心理、思维、处事方式都极大地受父母和原生家庭的影响。父母的眼光高于一般人，那么孩子的心就不会被拘泥于小院落。相反，若是父母没有远见，只顾着眼前，那么孩子也不会太关注未来。

认识的一个姑娘，是典型的80后女孩，师范大学毕业，在一家公司做文职。与很多普通人一样，她的生活不好不坏，未来也不可能再有什么大的发展。可事实上，如她自己所说她的人生本不应该如此，若是当初不是父母强迫她选择师范类学校，她完全可以成为一名出色的外科医生。

这位姑娘的家庭条件还不错，父母完全有能力供她上医科大学。可是当她说出自己的愿望是成为一名外科医生时，父母却提出了反对意见，说女生读师范最可

靠，将来做一名老师不仅生活稳定还受人尊敬，还说女生不必有什么事业，只要能嫁得好就可以生活幸福。

在父母的压迫下，这位姑娘只能放弃了自己的理想，含泪进入师范大学。可是她并不想当老师，更不想过普普通通的人生。大学毕业后，她违背父母的意愿，没去做老师，反而来到北京这个大城市打拼。但是由于学历和专业的限制，她只能成为一名文员，做着最基本、普通的工作，过着平凡的生活。

很多时候她都在想：若是自己能坚持，不被父母的短视所累，那么人生会不会大不同？这个问题的答案我不知道，但是有一点我却可以断定，这位姑娘的父母真的没有远见。孩子的世界很大，不只是脚下；孩子的未来充满无限的可能，不只是眼前。而父母的眼里如果只有安稳、平凡的生活，只凭着一句句"为孩子好""生活稳定"，而毁掉孩子看世界的心，那也终将毁掉孩子的理想和人生。

事实上，对于每个人来说，重要的不是他所处的位置，而是他心中想要前往的地方。在孩子成长的过程中，如果父母无法让他们看得更远，反而成为他们远行的阻碍，试想：孩子怎么能实现自己的人生价值？

我们总说"不让孩子输在起跑线"上，可真正的起跑线是什么？不是你给孩子制造多好的物质条件，报了多少培训班，而是你是否给了孩子看远方的思维。

起点差不多的孩子，因为父母的见识和思维的不同，他们自己心中想要前往的方向也会有所不同。父母给了孩子看远方的思维，那么孩子才能有看遍这个世界的心，才能掌握丈量这个世界的本领。父母给了孩子长远的眼光，孩子才能有远大的目标和方向，在之后的人生道路上才不会迷失方向。

还记得2017年夏天那个火爆国内外的电影《摔跤吧！爸爸》吗？这部让人热血沸腾的电影真的值得所有父母反思。若是没有剧中爸爸的远见和坚持，那么两个女孩根本无法走出印度，更无法成为世界冠军。她们的出路只有一个，像绝大部分印度女孩一样，早早嫁人、生孩子，围着丈夫和家务转。可正是因为这位爸爸目光长远，大胆地为女儿的未来做谋划，所以女儿们才得到了别人永远都没有得到的机会。

至今我还记得这位爸爸说得那几句话：

教练说："至少你要拿块金牌。"

爸爸说："你注定是冠军！"

教练说："你已经领先了，注意防守。"

爸爸说："忘掉领先，保持进攻！"

教练说："你注定不是站在国际赛场上的料。"

爸爸说："你一定可以成为奥运冠军。你将成为印度的榜样，永载史册！你不仅在跟澳洲选手比赛，还是跟这些轻视女子的人比赛！"

看吧！这位爸爸的眼里从来没有眼前，只有未来，不看暂时的胜利和失败，只看未来的成功。正是因为他给了孩子冠军梦，给了孩子看世界的心，所以女儿成了印度的骄傲、世界的冠军。

为人父母者，必为之计深远。所以，努力做一个有远见的父母，给孩子看远方的思维，教会孩子如何丈量世界。如此一来，孩子才不会困在自己的小世界中，若干年后，他才能赢得更广阔的舞台、创造更美好的未来。

陪伴第三阶：告诉孩子你真棒，接纳生命中的不一样

每个孩子都带有天赋，他的不一样就是他的独特之处，他的不完美也是他的成长。作为父母，我们应该相信孩子的一切都值得去爱、去尊重。这就是父母的必修课，也是高质量陪伴的核心。

孩子都不完美，尊重与赏识你要给

如果我问，你是完美的人吗？你肯定会摇头。你想要变成完美的人吗？你也会摇头。当然，除了那些苛求完美的人。可既然如此，你为什么要求孩子必须是完美的，不能接受孩子有缺点和不足呢？

事实上，在一些父母的思想里，孩子应该是完美的，也必须是完美的。只要发现孩子有缺陷和不足，他们便会想方设法改变孩子。孩子有些丰满，父母就说"你太胖了，应该减肥"；孩子成绩不理想，父母就整天逼迫孩子努力学习；孩子毛躁，父母就时刻提醒他"不要太毛躁""不要让这个缺点害了你"；孩子没有音乐天赋，父母就觉得这是天大的遗憾……

在他们看来，那些缺陷、弱点、错误在孩子身上是不能出现的，一旦出现了这些，孩子就不完美了。可要知道，没有完美的人，更没有完美的孩子。孩子的不完美，其实是他成长过程中必须经历的。即便孩子存在着不可改变的缺陷，那也是他人生中最为独特的特点。

若是你不能接受孩子的不完美，那么就可能阻碍孩子的成长，甚至让孩子的内心遭受巨大的伤害。相反，若是你能坦然地接受孩子的不完美，给予他尊重和赏识，那孩子就可能会变得越来越好。是因为你的接纳和鼓励，会让孩子感受到爱和支持，让他充满信心和力量。而这种力量是任何东西都无法企及的，也是孩子内心最迫切的渴望。

朋友家的孩子喜欢足球，可是却没什么足球天赋。为了进入学校足球队，孩子每天都拼命地练习，即便摔倒、流血也不在乎。可等到选拔赛那天，教练却对他说："孩子，你虽然很努力，可是天赋却不够。你的射门技术不太好，奔跑也不占优势。"

回到家之后，孩子情绪非常失落，一个人坐在沙发上闷闷不乐。朋友经过询问得知了实情，沉思了一会儿，微笑地对孩子说："教练说你很努力，射门技术不太好，可是你比之前进步了很多，不是吗？之前你根本不会射门，现在通过努力训练学会了。如果再努力一点，你还是可以提升的。"

听了妈妈的话，孩子情绪好像有些好转。可孩子又说："可是我不善于奔跑，球场上，我要是追不到别人，怎么能射门进球？"

朋友继续微笑着说："没关系，你只要努力奔跑就好了。虽然你不是全场最能跑的，但是只要努力超越前面的人，就有机会抢到球，并射门成功。"

因为朋友的信任和鼓励，孩子并没有放弃踢足球，反而更努力地训练。别人训练一个小时，他就训练两个小时；别人围着操场跑3圈，他就跑5圈。他为了自己的梦想一天天地训练，一点点地进步，而朋友始终会因为他的进步而鼓掌、庆贺。最终，这个孩子顺利进入足球队，并且在之后的比赛中取得了不错的成绩。

这位朋友就是个出色的母亲，她接受了孩子的不完美，并且给予孩子最大的赏识和信任。也正是因为她的赏识和信任，给予了孩子足够的信心和动力，使他释放了全部的潜能。

回头想想，若是朋友只看到孩子的不足，说他"没天赋""能力差"，那结果会怎样？恐怕这孩子永远也无法进入足球队，并且信心和自尊心将大受打击，最后变得越来越自卑、懦弱。

每个孩子都有成功的欲望，也有成功的潜能。可若是父母不能接受孩子的不完美，强迫孩子变得完美，或是一旦发现孩子不能朝着自己期望的方向发展，就急躁不已，贬低孩子，甚至放弃孩子，那么这个孩子的人生也会因此被毁掉。

所有的父母都应该知道，教育是一个漫长的过程，孩子也需要一步一个脚印地成长起来。而在这个过程中，父母们需要做的不是催促孩子快速成才，更不是强迫孩子完全变成自己期待的样子。接纳孩子最初的样子耐心地等待孩子成长，孩子才可能成就自己最好的人生。

还有一个朋友，对于孩子的教育就截然相反。这位朋友和她的先生都是硕士毕业，曾经是学校赫赫有名的学霸，如今事业也非常出色。可他们的女儿婷婷好像没有继承他们的高智商，学习时常出问题，成绩也是一般般。

尤其是三年级学习英语之后，婷婷的成绩直线下降，英语只考了60分。要知道，三年级孩子的英语是非常简单的，只是简单的背背单词、说说口语，几乎不存在什么语法问题。

面对婷婷的"平庸"，夫妻俩很难接受，他们不相信凭借自己的基因会生出如此"笨"的孩子。于是，他们批评孩子学习不认真、不努力，每天都逼迫孩子学习到晚上10点多，还给孩子报了很多培训班。

可结果并不理想，婷婷的学习成绩不仅没有提高，反而越来越差，甚至产生了厌学情绪。在朋友焦虑情绪的感染下，婷婷越来越叛逆、不爱学习。终于有一天，当朋友批评她时，婷婷彻底爆发了，大声喊道："我就是这么笨，就是成绩不好！你们能怎么样？你们不是时常说'我不像是你们的孩子'吗？好！我现在就走，离开这个家！"

听了婷婷的话，朋友惊呆了，她不知道自己给孩子造成这么大的伤害。这时她才明白是自己的不接纳伤害了孩子。

诚然，接纳孩子的不完美是非常难的。可是身为父母，我们必须学会接纳孩子，不苛求孩子没有缺点和不足，更不能苛求孩子能够完全符合我们的期待，成为我们期待的样子。

每个孩子都是独一无二的，即便这方面有不足，在另一方面肯定也有优势。善于发现孩子的优势，给予孩子尊重和赏识，并且告诉孩子"你很棒"，如此，孩子才能成长和改变。

重新发现孩子，他会给你惊喜

很多父母提起自己的孩子，总是信心满满地说："这孩子我还不了解，他一皱眉、一噘嘴，我就知道他有什么小心思。""我自己的孩子我当然了解，平时看起来挺老实，可实际上顽劣无比。""他就是这个样子了，没有天赋和能力，即便再努力也做不出什么成绩。"

可这些父母真的了解自己的孩子吗？真的如他们自己所说的能看到孩子的内心、知晓孩子的本质吗？

事实上，越是这样说的人，越是不了解自己孩子的人，他们只是理所当然地认为孩子是这样或那样，甚至秉持着偏见认定孩子就是这样或那样。

有的孩子身上有很多优点和长处，比如运动天赋比较好、乐观且善于与他人打交道、数学思维活跃等等。可父母的目光却只停留在孩子的不良行为上，认定孩子就如同自己了解的那样——成绩不好、没有学习天赋、过于活泼；有的孩子的内心世界是敏感复杂的，成长的困扰、学习的压力、社交的不顺都让孩子情绪不稳、压力巨大。可父母却认为孩子如自己了解的那样无忧无虑，只要自己给孩子买点礼物就可以让孩子快乐无比。

在这种情况下，孩子们得不到理解和支持，找不到情感释放的出口，自然也就无法形成健康的心理。

所以，作为父母，我们应该回到孩子本身，抛弃"我的孩子就是这样"的偏见，重新发现孩子，欣赏他们身上的与众不同，慢慢地读懂他们的内心想法。如此一来，孩子才能积极地给予父母回应，并且创造更大的惊喜。

《地球上的星星》中，讲述的是一个8岁男孩因为阅读障碍被父母放弃，却又被美术老师发现绘画天赋的故事。

这个男孩的名字叫伊夏，他从小就调皮、爱捣乱，学习成绩也非常差。上课时，他从来不认真听课，不回答老师的问题，也听不懂老师的指令，甚至算不对算数。他好像永远生活在自己的世界中，与现实世界格格不入，所以他很难赢得老师和同学们的欢迎。

在家里，伊夏也不受父母欢迎，时常想出一些鬼点子。于是父母忍无可忍，把他送到寄宿学校。这让伊夏的内心受到了严重的打击，性格也变得越来越沉默、内向、固执。

可此时他遇到一位可亲可敬的美术老师，这位老师发现伊夏虽然成绩差、有阅读障碍，但是却有着非凡的绘画天赋。在引导伊夏开始绘画的同时，他找到伊夏的父亲和学校的校长，希望他们能够支持和欣赏伊夏，给予他足够的鼓励和赞赏。他还告诉他们，每个孩子都有自己的优点，并且值得尊重和喜欢；只要我们能尊重孩子的成长轨迹，发现和重视他们的特别之处，孩子的人生便会充满阳光和希望。

在这位老师的影响下，伊夏的父亲改变了自己的想法，校长、老师、同学们也都积极帮助他。接下来，伊夏的绘画天赋迅速凸显出来，并且在学校举办的美术大赛上获得了第一名。

是的！每个孩子都是与众不同的，都有别人没有的优势和天赋，可他们的人生是否出现奇迹，关键在于父母能否发现这些优势和天赋。而重新正视孩子一点都不难，只要父母学会接纳自己的孩子，能用心地观察和了解自己的孩子，并且给予他们足够的尊重和信任。

摒弃挑剔的眼光和自以为是的偏见，尝试着用心去观察和了解孩子，发现孩子的优点，发现孩子的困惑 发现孩子的进步。当你真正发现的时候，孩子也必将发挥出自己的潜力，给你意想不到的惊喜。

外向有外向的优势，内向有内向的特质

　　很多父母总是认为别人家的孩子好。如果自己家孩子外向，就说不如别人家孩子懂事、沉稳；如果自己家孩子内向，就说不如别人家孩子乐观、有主见。尤其是性格内向的孩子的父母，往往总是觉得内向的孩子不好，不大方、不招人喜欢，长大之后肯定也没有什么出息。

　　简单一句话就是，他们一味认为自己的孩子比不上其他孩子，希望让孩子学习别人、模仿别人。事实上，这些父母完全忘了每个孩子都有自己的性格特点，外向有外向的优势，而内向也有内向的特质。

　　瑞士心理学家卡尔·荣格就认为，每个人都可以从不同的事物中汲取能量，外向的人可以从和他人的相处中得到能量，而内向的人则可以从独立思考中得到能量。同时，他还指出：内向是与生俱来的，如果一个孩子从小就具有内向的特质，那么即便后天再怎么努力也不会变得特别外向。一旦父母强迫内向的孩子变得外向，比如强迫他们与别人打成一片，逼着他们在公众场合表现自己，那么孩子的内心反而会恐惧、焦虑，甚至患上社交恐惧症。

之前接触到一位10岁男孩的母亲，向我请教怎么让孩子变得外向、善于社交。她抱怨地说："我家孩子实在太内向了，一个大小伙子与人说话扭扭捏捏，连在讲台上讲话都不敢，实在太令人发愁了！"

我不解地问："内向有什么不好吗？况且孩子天性如此，我们是很难改变的。"

这位母亲着急地说："内向当然不好了。不善于与人交往，就没办法抓住机会，不抓住机会，将来怎么会有出息！"

我接着问道："那你试图改变孩子了吗？结果又怎样？"

接下来这位母亲就陈述了改变孩子的过程："他喜欢一个人静静地看书，即便家里有客人来也不打招呼，或是打个招呼就离开。为了改变他，我特意让他和客人聊天，和其他小孩子一起玩耍。尤其是有聚会和饭局的时候，我都会带着他，鼓励他在饭桌上和大家打招呼；他不愿意在公众场合发言，我就带他到小广场去唱歌，或是向来来往往的陌生人借钱。当然，我不是真的让他和人家借钱，只是为了锻炼他的勇气；他平时对人比较冷淡，只和班上一个小男孩关系不错。我就鼓励他多交朋友……"

听着这位母亲的滔滔不绝，我开始还耐心地倾听，可后来却不得不打断她，问道："那你的做法效果如何呢？"

这位母亲深深地叹了口气说："唉，当然不好。这孩子太气人了，我越是想要改变他，他反而越内向，现在就连在家都不愿意说话了。"

其实不用询问这位母亲，我都知道她改变孩子的效果并不太好。孩子的内向是与生俱来的，父母越是想方设法改变，孩子就越是感到尴尬、害怕、排斥，最后甚至是焦虑、不安，会衍生出更多负面的心理表现。

不仅仅是孩子，即便是一个成年人，若是你本内向，别人却强迫你变得热情，你本喜欢安静，别人却偏要把你带到喧闹的场所，还叫你"左右逢源"，你会有什么反应？相信必定是手足无措、无所适从吧。

强行改造内向的孩子，对于孩子来说，就是一种心理上的摧残，严重的话可能使孩子彻底崩溃。更何况，内向并不是一种缺陷和病症，更不会注定没有出息。

事实上，与外向的人相比，内向的人智商更高，并且在创作、艺术、科研等领域有着极高的天赋。相比外向的人，内向的人更有主见，知道自己喜欢什么，适合什么，知道自己应该发挥哪方面的优势。内向的人思维方式还比外向的人更独特，善于思考、洞察力强，做事更具有专注力。著名的科学家爱因斯坦、微软的创始人比尔·盖茨其实都是性格内向的人。

所以，身为父母，若是你的孩子内向、不善于交际，请不要立马给孩子贴上负面的标签，更不要强迫他改变自己。只有尊重和接纳孩子的个性，发掘孩子的潜能，并且适当引导孩子参与社交，他们才会变得越来越自信，并让自己绽放光彩。

当然，内向孩子的父母还应该记住这一点：不管孩子的性格和个性是什么样，不管孩子有哪些优势和缺陷，我们都要明白，就是天空中漂浮的白云，也没有一朵形状是相似的。每个孩子的性格、心智、兴趣、爱好、能力，包括心理和健康程度都不尽相同，然而孩子就是他自己，是独一无二的个体。或许他没有别人优秀，但是这并不是我们强迫他们模仿别人的理由，更不是我们逼迫他们改变的理由。

尊重孩子的天性，接纳孩子的与众不同，并在成长过程中给予他足够的自主空间，如此一来，孩子才能更加快乐，并且活出属于自己的精彩。

接纳孩子的兴趣与爱好，这比物质奖励更重要

前些天和一位久不联系的同学视频聊天，因为都是当妈的人，话题大多数是围绕着孩子的。

这位同学说自己的儿子正好上一年级，却喜欢上了"不正常"的东西——拉丁舞，非要报名参加拉丁舞培训班。听到同学说这些时，我感到很震惊，在我的印象中她并不是思想保守的人，怎么会觉得孩子喜欢拉丁舞就代表"不正常"呢？

于是，我不解地问："孩子想要参加拉丁舞培训班，说明他喜欢这个。难道你还要反对不成？"同学立即反驳说："当然了！男孩子就应该学跆拳道、足球、篮球这些东西，学习拉丁舞像什么样子？一个男孩子在那里扭来扭去，真是太难看了！现在孩子小还没什么，你能想象一个十七八岁的大小伙子在那里扭吗？"

见她如此激动，我耐心地劝说："这是你的误解罢了。拉丁舞也有激情的、豪迈的，不都是柔美的。况且这是孩子的兴趣，不能因为你不喜欢、不接纳，就完全否定啊。"

同学却强硬地回答说："我是他妈妈，我当然有否定的权利。再说了，孩子现在还小，不懂得什么东西对他有益，我必须给他把关。我决定过段时间就让他去练跆拳道，不仅能增强体质、防身健体，还很帅气。"

我连忙阻止她："我觉得你应该接纳并尊重孩子的兴趣爱好，给他自己做决定的权利，而不是否定他、强迫他做出改变……"可显然，同学并没有把这番话听进去，说着不能让孩子胡闹的话就匆忙下线了。

其实很多父母都是如此，他们认为孩子应该成为这样、应该学习某个"有价值"的才艺。还有些父母总认为自己的人生阅历丰富，完全有能力帮助孩子规划好未来的路。于是当孩子的兴趣爱好和自己的期望产生出入时，这些父母便接受不了了。他们会理所应当地认为，"孩子怎么能喜欢这个，学习这个多没出息啊""这东西太奇怪了，我的孩子怎么能这么另类？"……

接下来，他们会打击孩子，甚至会用强制手段修正孩子的"错误"。然而他们却没有想过这样做的后果——兴趣不被接纳、意愿不被尊重，孩子会因为挫败感失去努力的动力，甚至对自我价值产生怀疑，变得自卑。同时，强制的手段还可能会让孩子产生错觉——父母的爱完全是建立在"条件"之上的，这个条件就是我必须按照他们说得去做。做了，父母才爱我；不做，父母就不会接纳我。

时间长了，父母会发现自己很难走进孩子内心，孩子也变得越来越叛逆——你越是不想让他做什么，他就越喜欢做什么，包括小时候的兴趣爱好，成年之后的职业选择、择偶对象等等。

所以，父母们需要明白，孩子喜欢什么，对哪种运动或文艺有兴趣，这是他的个人权利。父母应该做的，是接纳孩子和尊重孩子，对孩子的兴趣进行正确保护和培养。

在这方面，画家毕加索就做得非常好。像很多父母一样，毕加索希望自己的孩子能继承自己的事业，尤其是对最小的女儿寄予厚望。于是他特意培养小女儿绘画方面的兴趣，最开始小女儿确实非常喜欢绘画，并且尝试着学画画。

可令毕加索失望的是，当小女儿14岁时，对绘画失去了兴趣，绘画时总是心不在焉。眼看最宠爱的女儿离自己热爱的绘画越来越远，毕加索心里并不好受，但是他也知道自己必须接纳孩子的改变。于是，他告诉女儿："虽然你是我的女儿，但是没有必要非像我一样，成为一名画家。既然你不喜欢绘画，那就按照你的想法去做吧！如果你有了自己的兴趣和爱好，我会高兴地接纳和支持的。"

在毕加索的支持下，小女儿开始寻找自己感兴趣的事情，很快喜欢上了珠宝设计和服装设计，之后更是把大部分时间都用在了学习设计上。当一个孩子做自己喜欢的事情，并且全力以赴的时候，那她的成绩自然就难以估量了。经过一番努力，她终于成为一名出色的设计师，被誉为"珠宝设计界的金色灵感"。

可见，父母的接纳，对于孩子来说，比任何物质奖励都要重要。因为当父母接纳孩子的兴趣时，孩子就会感到自己被重视和欣赏，内心充满信心和骄傲，从而为了做到更好而全力以赴。

所以，从现在开始，你只需依照孩子的兴趣，不断地鼓励和支持，孩子就会变得越来越完美。

就算孩子再差，也不能说嫌弃话

对于每个孩子来说，"别人家的孩子"简直就是一个噩梦，始终困扰着他们的一生。在父母的眼里，自己好像永远是最差的那一个，永远比不上邻居家孩子、父母同事家孩子，或者自己那个优秀的同学。

于是，孩子抱怨、痛苦，不止一次地问："难道自己真的这么差吗？"

其实每个孩子都是独一无二的，有自己独特的性格、优势，即便在学习、运动等某一方面真的存在不足，可只要父母能够对孩子充满信心，然后慢慢地引导和教育，孩子就可以提升自己的能力，从而越来越出色。

可若是父母总是抱怨，为什么自己的孩子不是最好的一个，为什么自己的孩子永远比别人的孩子差，久而久之孩子就会给自己贴上"差劲""笨蛋""比不上别人"的标签，进而如父母"期待"的那样——变得越来越差劲。

这是因为每个孩子的成长过程都是自我认识的发展过程，他们会通过别人的评价、态度来给自己定义，确定自己是一个怎样的人。尤其是父母的评价和态度，对于孩子的自我认识发展起到了非常重要的作用。父母时常夸奖孩子，说他有哪些优点，说他比别人优秀，那么孩子的内心就会产生这样的想法："我是最棒的！""我有美好的未来"，当然也会成为自信、乐观、独立、勇敢的人。

可若是父母总是否定和嫌弃孩子，时不时说他比别人差，说他"笨""不可爱""脾气坏"，那么孩子也会自我否定和质疑，相信自己就是一个笨蛋，是非常差劲的孩子。

之前我带孩子去游乐场玩，遇到一个非常可爱、乖巧的女孩，这个小女孩虽然性格有些内向、害羞，可是非常懂事、有修养，孩子和她相处得非常好。我夸奖小女孩说："小朋友，你真可爱，而且又懂事。你妈妈肯定因为有你这个女儿而感到骄傲！"

听了我的话，小女孩低下了头，说："我没那么可爱，妈妈也不会为我骄傲……"

我惊讶地问道："为什么这么说？"

小女孩满脸委屈地说："我说话嗓门儿大，没有隔壁家小女孩温柔、可爱；我脾气不好，总是不能很好地控制情绪……"

我打断了小女孩，微笑地对她说："可是我觉得你很可爱啊，懂礼貌、友爱，是一个好孩子。"

女孩终于抬起了头，看着我迟疑地问道："真的吗？"

看着孩子满是疑惑的脸，我感到非常心疼。这些疑惑一定是因为她平日里从妈妈那里得到的负面评价太多了，让她认定自己一无是处。

我相信小女孩的妈妈是爱孩子的，并且并不是真的觉得她一无是处，有意无意把她和别人家的孩子作比较，只是希望通过批评来让孩子变得更好。可是这位妈妈没有意识到孩子的内心是脆弱、敏感的，会依照父母的评价和认识来评价自己，会因为不断地否定和打击变得情绪低落，甚至是自我否定、自我质疑。久而久之，孩子的心理就会背负沉重的负担，不能健康、快乐地成长。

苏联教育家马卡连柯曾说："取笑会使人失去自尊，没有自信。对于正处在培养自信的关键时期的孩子来说，家长在任何时候都不要取笑自己的孩子。"同样，否定和嫌弃也会使孩子迷失自己，变成一个没有自信、懦弱无比的人。

孩子毕竟是孩子，身上总会有些缺点和不足，比如爱哭、好动、淘气、情绪化，甚至有些确实在学习上没有其他孩子优秀，在音乐或是舞蹈上没有其他孩子有天赋。但越是如此父母就越不能否定和嫌弃孩子，更不能抓住孩子的某一点缺陷和不足不放。否则，孩子就会认为：原来自己在这个方面，是永远做不好的！等孩子长大后，他一定会怨恨父母：为什么父母总认为我是最差劲的，还要给我贴上无能的标签。

同时，父母要意识到"自尊"这个东西不是成年人才有的，事实上，孩子的自尊心反而比成年人更强烈。其实，早在孩子出生时，他的自尊就已逐渐形成。一般来说，孩子两三岁的时候就已经有了自我的概念，能够在内心中评价自己，并且因为别人的评价而感到自豪或羞愧。而当孩子的独立性与自主性趋向于成熟的时候，他对自尊的追求也会越来越高，更加重视别人尤其是父母的评价。若是父母总是否定或嫌弃他，不管是有意还是无意，都将严重打击孩子的自尊心，激起逆反心理。正因为如此，孩子的养育是需要父母十足的耐心的。作为父母最需要做的就是，接纳孩子、信任孩子，然后慢慢地带着孩子一步步地往前走，帮助孩子正确地认识自己、树立信心。

当你明确地告诉孩子："我爱你，只因为你是我的孩子，所以我会无条件的爱你，与其他无关。"孩子的内心会变得更充盈，即便是孩子真的存在着缺点，或是真的比别人差，也会变得更乐观、更从容，进而更强大和优秀。

慢养孩子，接纳孩子最初的样子

有一首诗歌，名叫《牵着一只蜗牛去散步》。现在我们就欣赏一下这首诗歌吧：

上帝给我一个任务，

叫我牵一只蜗牛去散步。

我不能走太快，蜗牛已经尽力爬，

为何每次总是那么一点点？

我催它，我唬它，我责备它，

蜗牛用抱歉的眼光看着我，

仿佛说："人家已经尽力了嘛！"

我拉它，我扯它，甚至想踢它，

蜗牛受了伤，它流着汗，

喘着气，往前爬……

真奇怪，

为什么上帝叫我牵一只蜗牛去散步？

"上帝啊！为什么？"

天上一片安静。

"唉！也许上帝抓蜗牛去了！"

好吧！松手了！

反正上帝不管了，我还管什么？

让蜗牛往前爬，我在后面生闷气。

咦？我闻到花香，

原来这边还有个花园，

我感到微风，

原来夜里的微风这么温柔。

我听到鸟叫，我听到虫鸣。

我看到满天的星斗多亮丽！

咦？我以前怎么没有这般细腻的体会？

我忽然想起来了，莫非我错了？

是上帝叫一只蜗牛牵我去散步。

诗歌中，蜗牛天性行动慢，可即便累了、伤了，依旧坚持着往前爬。而"我"呢？看着行动缓慢的蜗牛，内心充满抱怨和责怪，不时地责骂、训斥、打骂，甚至还想要放弃，全然忘了对方只是一只蜗牛，更不必说享受与蜗牛散步的快乐。

其实，诗歌中的"我"就是现实中的父母，而蜗牛就是他们的孩子。教育孩子就如同牵着一只蜗牛去散步，只有接纳孩子、尊重孩子，放慢自己的脚步，耐心地等待孩子成长，才能让孩子健康地成长，并且与孩子共享美好未来。

诗歌中的"我"最后醒悟了，意识到自己的错误，之后开始改变自己的想法和做法。然而，现实中很多父母却没有醒悟，他们似乎走上了一条教育孩子的岔路——希望自己的孩子是最棒的，甚至是完美的；希望孩子能拥有过人的天赋，最好能过目不忘；希望孩子早点走路、说话、识字；希望孩子早点上幼儿园、学前班，最好在小学前认识所有的字；希望孩子是"神童"，能够甩开其他孩子一大截……

在这些期待和希望下，父母在教育孩子的过程中难免操之过急，会把孩子的生活安排得满满的，然后不厌其烦地督促孩子，"你应该努力学习""你必须超越别人""你可以成为最好的"。一旦孩子没有按照父母期待的方向发展，父母便开始训斥孩子不配合、不听话，甚至会逼迫、教训、打骂孩子。

虽然父母的初心是好的，可是心态却是急躁的，甚至是急功近利的。这些逼迫会让孩子失去最初的本性和样子，并在精神上和心理上承受巨大的压力。当这些压力聚集在一起，就会压得孩子喘不过气来，甚至成了孩子成长道路上的绊脚石。

回想一下你教育孩子的情景，是不是也时常说过类似的话：孩子开始学习走路时，扭扭捏捏、犹犹豫豫，不敢放开扶着桌子的手，更不敢迈出第一步。这可急坏了一旁教导的你，在孩子身旁一边拍手一边鼓励："宝宝，大胆一些！迈腿、迈腿，只要你迈出第一步就可以了！"然后看孩子许久不迈步时，你就会懊恼地说："唉，这孩子怎么这么笨！"

孩子学游泳，因为有些怕水，进步比其他孩子慢。开始你还能耐心地鼓励孩子勇敢，可慢慢地，这份耐心就被消磨殆尽了。训斥和责骂就会逐渐多了起来，好像孩子犯了天大的错误一般。结果，你越是着急，孩子压力就越大，学习的进度就越慢；孩子在音乐上有些天赋，刚刚5岁就能弹出动听优美的音乐，且有非常高的音准。你觉得孩子的天赋不能被辜负，于是带孩子参加钢琴学习班、音乐比赛，希望孩子成为第二个李云迪、郎朗。结果，你的高强度训练让孩子对音乐失去了兴趣，小时候展露出来的天赋自然也逐渐消失不见。

所以说，父母们的期待是好的，但是急切的教育方式却并不可取。要知道，孩子的成长和学习都是需要一个漫长的过程，就像是小树苗成长为一棵大树同样需要漫长的时间一样。若是违背孩子的天性和成长规律而刻意为之，那便是害了孩子。

不管孩子是否有天赋，父母们都应该多给孩子一些耐心，让孩子慢慢地准备、学习，然后引导他们朝着正确的方向前进。正如意大利幼儿教育家马拉古齐教寻的那样："在教育孩子的时候，我们应该给孩子足够的时间，我们应该放慢脚步，我们应该学会等待！"

等你这样做了之后，便会发现孩子正不知不觉地向我们展示他们生命中最美好的一面。

陪伴第四阶：读懂孩子的心，做孩子的心灵摆渡人

很多时候，父母们会觉得自己的孩子很难沟通、不听话，觉得孩子只会做一些"奇怪"的事情，甚至觉得孩子就是自己的"克星"。可事实真的如此吗？显然不是。父母们之所以有这样的感受，是因为他们习惯用成人的思维看孩子，没有真正地读懂孩子。

读懂孩子，才能给予他们最好的陪伴

诗人菲利普·拉金曾说："他们害了你，你的父亲和你的母亲。虽然不是故意的，但他们的确害了你。"

为什么会如此？因为父母并没有读懂孩子的心。因为不懂，父母会觉得孩子的情绪发泄是无理取闹；因为不懂，父母会强迫孩子做孩子自己不愿意做的事情，只是由于父母觉得这件事情"孩子应该做"；因为不懂，父母会抱怨孩子"不乖巧""不听话"，甚至无缘无故对孩子横加指责；因为不懂，父母不会倾听孩子的喜怒哀乐，只觉得小孩子哪有那么多心事……

因为不懂孩子，本应该是孩子最亲密、最尊重的父母，却成了害了孩子的人，并且亲手为孩子打造锁住快乐的枷锁。让我们看看下面几个情景：

情景一：

维维刚上幼儿园大班，是个乖巧又懂事的男孩，可是自从妈妈生了弟弟之后，他就开始变得淘气、顽皮起来，有时甚至喜欢无理取闹。

之前，维维的独立自主能力非常不错，能够自己穿衣服、吃饭，还时常帮助妈妈拿杯子、擦桌子。可现在他却喜欢粘着妈妈，什么事情都让妈妈帮自己做，而且越是弟弟吃奶时，他越会找妈妈"麻烦"。

一天，妈妈推着弟弟、领着维维到公园玩，回来的路上弟弟睡着了，妈妈还拿着很多蔬菜、水果。可此时维维却大声说："妈妈，我走累了，我要抱抱。"妈妈耐心地说："宝贝，妈妈推着弟弟，又拿了很多东西，没有办法抱你。你自己先走回家，然后妈妈再抱你，可以吗？"

可维维却不依不饶，抱着妈妈的大腿不肯动，哼哼唧唧地求抱。妈妈的好脾气被磨光了，生气地训斥道："你这孩子现在怎么这么不听话！要是你再胡闹，我就打你的屁股了！"看见妈妈生气，维维更是大哭大闹起来。

还有一次，妈妈给维维买了他最爱吃的小蛋糕，回家之后就让他在餐桌上一个人吃蛋糕，然后自己给弟弟喂鸡蛋羹。谁知道没过一会儿，维维就跑了过来，说："妈妈，这个蛋糕太难吃了，我不吃！我想要吃鸡蛋羹！"

妈妈只蒸了一个鸡蛋羹，便对他说："宝贝，你不是最爱吃这家的蛋糕吗？为什么不吃了？这个鸡蛋羹是给弟弟吃的，我下次再给你蒸，好吗？"

维维不听妈妈说话，生气地说："我就要吃鸡蛋羹！我就要吃鸡蛋羹！"

妈妈无奈地说："维维乖，妈妈正在喂弟弟，一会儿再给你做好吗？"可维维就是不愿意，甚至还要抢妈妈手中的碗，而妈妈生气地批评了他。

接下来，维维越来越不听话，妈妈对他越来越不满，抱怨孩子为什么变成这样。

情景二：

洋洋快三岁了，最近总是喜欢和妈妈唱反调，一张嘴就说"我不要"。早上起床，妈妈给洋洋穿衣服，他大声说道："我不要！我不要！"；吃饭的时候，妈妈给他吃西蓝花，他大声地说："我不要，这菜好臭！"；出去散步时，妈妈想牵着他的小手，他却大声说："我不要！我要自己走！"

总之，妈妈让洋洋做什么，他都会头一扭、手一背，然后大声地说："我不要！"开始妈妈还耐心地解释、哄逗，后来就没有了耐心，便开始严厉地批评他。这下洋洋就更"叛逆"了，妈妈越是让他往东他偏往西，一旦遭到妈妈的批评便大声哭闹。

情景三：

磊磊已经是一名中学生了，可妈妈依旧把他当成"小孩子"，对他的关心更是无微不至。磊磊的书包、房间都是妈妈负责收拾整理，甚至连袜子都是妈妈给洗；与同学外出游玩必须和妈妈报备，回家晚一点儿，妈妈都会接二连三地打电话；妈妈不允许磊磊打篮球、踢足球，生怕他摔了、伤了。

可磊磊已经有较强的自主意识，想要独立、自由，更想要锻炼自己。他想要摆脱妈妈的照顾，想和其他孩子一样拥有自由的空间。

很显然，上面这三位母亲都没有读懂孩子的心，甚至没有尝试了解孩子、理解孩子。维维渴望妈妈的关注和陪伴，他的"无理取闹"只是为了博得妈妈的关注。可妈妈的关注点绝大部分在弟弟身上，根本没有了解他的想法；洋洋的唱反调是自我意识发展的结果，他想要自己做主、做自己喜欢的事情。可妈妈却认为他是与自己作对，只是一味打压他这种"不听话"的行为；而磊磊的妈妈只是按照自己的想法来溺爱孩子，剥夺孩子的自主权和自立能力，根本不去考虑孩子的内心需求究竟是什么。

我们可以断定，若是这些母亲不能尝试着了解孩子、读懂孩子，深入地了解孩子的想法，终究会害了自己的孩子。要知道，家庭教养的重点应该是掌握孩子行为背后的真相，真正走进孩子的内心，只有这样，才能给予孩子最好的陪伴和教育。

我始终认为，父母无须成为完美的父母，但是我们必须学会倾听孩子说话；父母无需对孩子了如指掌，但是我们必须读懂孩子。读懂了孩子，才能体会他们的不安、兴奋、纠结、失望等情绪，才能知晓他们哭闹、暴躁、安静、孤僻等行为背后的原因，然后给予孩子最好的教养和陪伴。

走进孩子的世界，去理解他们行为背后的深意

我始终认为这个世界上没有不幸福的孩子，只有让孩子不幸福的父母。孩子刚出生是天真无邪的，每天都露出天使般的微笑，而父母自然是希望孩子永远幸福快乐下去，并且尽自己最大的努力让孩子开心——孩子困了，父母哄他睡觉；孩子饿了，父母喂他牛奶；孩子哭了，父母立即寻找原因……

可随着孩子一天天长大，能够表达自己的想法、情绪和情感，很多父母却因为种种原因不再愿意走进孩子的世界。每天父母都和孩子说类似地话："快点吃饭，要不上学就迟到了。""我和你说多少遍了，不要……""听话，不要捣乱！""你再胡闹，我就生气了！"

面对不了解自己的父母，孩子往往只能走向两个极端：一是慢慢地开始麻木、冷漠，只用"嗯""知道了"等简单的语言来敷衍父母的耳提面命；另一种则是与父母对抗以发泄自己的不满，慢慢地走向叛逆的道路。

之前在商场听到过父女俩的一番对话：

女儿兴奋地问道："爸爸，我们今天去哪里玩？"

爸爸面无表情地说："你不是说来看电影吗？"

女儿接着问道："爸爸，看完电影之后，我还想去游乐场玩一会儿，可以吗？"

爸爸皱着眉头说："不行。"

女儿有些不高兴了，说："为什么？你今天不是陪我来玩的吗！"

爸爸想也没想就反驳说："我说不行就不行，哪有那么多为什么？"

女儿依旧不甘心，还想为自己争取些什么。可此时爸爸已经很不耐烦了，说："你说要我带你出来玩，我已经说到做到了。你现在怎么还这么多要求，再烦我的话，电影也不要看了！"听了爸爸的话，女儿什么话也不敢说了，只是默默地跟在爸爸身后。

看到这样的情景，我的内心是愤怒的、悲伤的。为这位父亲的不耐烦和忽视孩子而愤怒，为小女孩的委屈和失落而悲伤。这位父亲确实陪伴了孩子，带着孩子来看电影，可是他有了解过孩子的内心需求吗？没有。他连孩子的简单要求都一再拒绝，又怎么会想到孩子内心的失落感呢？

长此以往，当孩子被拒绝十次、百次之后，就会关闭自己的内心，沉浸在自己的小世界里。与此同时，她不会再向父母提要求，更会疏远和冷落父母，之后即便父母给予她关心和问候，她也会用冷漠和敷衍回应。

这是一个必然的结果。试想：父母都不尝试了解孩子，走进孩子的世界，那么又怎么奢望孩子始终对父母敞开心扉呢？孩子的心是敏感的，孩子的自尊是脆弱的，父母简单粗暴的教育方式，只能将孩子越推越远。

同时，如我们之前所说的，父母若是不能走进孩子的世界，误解孩子的行为，那么就会让孩子越来越叛逆，甚至故意与父母对着干。前一段时间，萱萱的妈妈给她新买了一辆平衡车，萱萱对它爱不释手，在家里骑，出门陪妈妈买菜也骑。

一天，萱萱的同学依依约她吃完晚饭到小公园玩，萱萱痛快地答应了，并说让同学见识见识她的平衡车。到了公园，萱萱骑着平衡车"炫耀"着，绕着同学转了一圈又一圈。

妈妈耐心地说："萱萱，你和依依是好朋友，让依依也骑一会儿你的平衡车。"萱萱痛快地答应了，说自己骑完这一圈就教依依。可过了一会儿，妈妈不经意地抬起头，发现萱萱并没有从平衡车上下来，便不高兴地说萱萱太小气、不懂得分享。

听了妈妈的话，萱萱立即板起脸来说："我已经教依依了，可是她有些害怕……"妈妈没等萱萱说完，埋怨道："你是不是给自己找借口？"

萱萱一下就生气了，发脾气地说道："这是我的车子，我自己说了算！哼！我就是不想让别人玩！"看到萱萱无缘无故闹情绪，妈妈也生气地骂了孩子一顿。结果，一个美好的晚上就这样被弄得一团糟。

其实，事情变得如此糟糕，原因就在于萱萱妈妈没能理解孩子，读懂孩子的心。我们也知道，萱萱不愿意把新平衡车借给同学是可以理解的，并不是她小气、自私，而是心里有一些小小的舍不得。如果妈妈好好和萱萱说，她肯定能大方地借给同学。可妈妈却不由分说地批评她，让她在朋友面前没了尊严。要知道小孩子是非常在意尊严的，尤其是在朋友面前更容忍不了父母的批评和责骂。妈妈这样的做法自然激起了萱萱的逆反心理，进而故意和妈妈对着干了。

所以说，父母如果想要和孩子更好地沟通，就应该读懂孩子，走进孩子的世界，而不是仅凭自己的眼睛和主观臆断来评价孩子。

　　对于孩子来说，最好的家庭教育不是父母有多大的成就，或者给予孩子多少的金钱和资源，而是父母能给孩子多一些关注、多一些爱心、多一些温暖、多一些理解。有了这些，父母才能真正走进孩子的心，培养出乐观又自信、内心充满安全感的孩子。

耐心倾听，重视孩子的心声

很多父母都知道陪伴是最好的成长，可陪着陪着却发现自己与孩子的矛盾越来越多。其实，这种情况大多都是因为这些父母的陪伴只是命令、管教和监督，却很少真正与孩子进行交流和沟通，以及耐心倾听孩子内心深处的声音。

据某一项调查显示，有70%以上的父母没有耐心倾听过孩子说的话，有50%以上的父母时常抱怨不知道孩子整天想什么。在这样的情况下，父母和孩子即便有沟通，也只是想要把自己的想法灌输给孩子，把孩子变成自己想要的样子。

可家庭教育不应该如此，陪伴也不应该如此。我们必须要了解的一点是："陪伴是最好的成长。"这句话之后还应该有更重要的后半句，那就是倾听，对于孩子来说倾听才是最好的陪伴。

父母的倾听，可以让孩子说出自己的想法，释放自己的情绪，使孩子的情绪变得更加舒畅。同时，父母的倾听，会使孩子觉得自己有被得到尊重和重视，觉得自己是独立的、自由的。而为了证明这一点，他们会不断地追求更优异的成绩来证明自己。

相反的，若是父母不愿意倾听孩子的诉求，总是让孩子"闭嘴"，或是用敷衍的态度来打发孩子，那么孩子会感觉自己备受轻视，觉得自己在父母眼中并不重要。更有甚者会觉得自己被看不起，由此产生自卑、怯懦的心理，再也不愿意和父母进行沟通和交流。

之前我居住的小区发生这样一件事：一个三年级的女孩离家出走了，爸爸直到晚上9点才发现女儿没有回家，而老师和同学都说她放学就回家了，没有人知道她到底去了哪里。

一时间，学校和家长都急疯了，到处寻找孩子的下落。小区的邻居也都发朋友圈、打电话，发动身边的人来寻找这个孩子。最后，孩子在一家网吧被找到，被发现时正伤心、委屈地窝在椅子里发呆。

为什么孩子会离家出走？为什么她情绪又如此低落？其实，这与父母的缺少沟通和倾听有很大关系。女孩的父母离婚了，她跟着爸爸和奶奶生活在一起，平时爸爸工作忙碌，每天都早出晚归。而奶奶年纪大了，平时照顾她的生活都有些吃力，更别说倾听她的心声了。

原本女孩内心已经逐渐走向不健康的发展趋势，变得越来越少言寡语、敏感脆弱。而之前一天的一件事情就恰好成为她离家出走的导火索：女孩和同班同学发生了矛盾，同学误会她打碎自己的水杯，非要她赔给自己一个一模一样的，如果不赔的话就到老师那里告状。

开始女孩还耐心地解释说水杯并不是自己打碎的，可见到同学持有怀疑态度便不再说话。即便老师耐心地询问，她也默不作声。放学的时候，老师和女孩的奶奶说了这件事情，希望家长和女孩沟通一下，了解事情的来龙去脉。奶奶自然把事情告诉给爸爸，而爸爸并没有询问女孩，一上来就批评她闯祸、固执。

女孩试图解释，说："爸爸，我并没有打碎她的水杯，是她误会我了……"

可爸爸却觉得女孩在狡辩，严厉地说："老师已经和我说明情况了，你怎么还不认错！"

女孩非常委屈，反驳道："同学不听我解释，你也不听我解释。你们就认定我是错的，好，我就是故意打碎她的水杯，怎样？"

爸爸当然非常生气，把女孩狠狠地教训了一顿，并且责令她第二天必须向同学和老师道歉。女孩有委屈说不出，只能给妈妈打电话，希望能从妈妈那里获得一些安慰。可由于妈妈那几天工作很忙，没和她说太多话便匆匆地挂断了电话。

就这样，女孩的情绪无法释放，进而第二天选择了离家出走。再次回到家之后，她伤心地对父母说："你们为什么不听我说话呢？爸爸问也不问，直接给我定罪，还强迫我给人家道歉。妈妈不要我，也没有时间理我！那你们为什么还找我回来！"

女孩的话令父母羞愧不已，不知道如何回答孩子的质问。他们不爱孩子吗？当然不是，虽然他们离婚了，但依然是爱孩子的。可是，他们却忽视了家庭的破碎对于孩子的伤害，更忽视了在孩子遇到问题时的沟通和倾听。陪伴和倾听的双缺失，让这个女孩心里受到严重的伤害，差点酿成大错。

所以说，作为父母，我们应该学会做孩子的听众，给孩子足够的耐心，倾听他们的想法和心声。当孩子解释自己的错误时，父母要给孩子足够的时间和机会，而不是劈头盖脸地把孩子骂一顿；当孩子述说自己的委屈时，父母要用心地倾听，体会和理解孩子的感受；当孩子发泄自己的情绪时，父母要给予言语上的关心、行动上的支持。

学会倾听孩子的一切，重视孩子的心声，我们才能真正陪伴孩子成长并且走进他们的内心。因为倾听才是最好的陪伴。

关注孩子的情绪，合理释放孩子的焦虑

很多父母关心孩子的生活、学习、健康，但却很少关注孩子的情绪，甚至说不能敏感地察觉到孩子情绪的变化。

比如，孩子和小朋友玩耍时受了委屈，情绪不高，闹着要回家。可父母没能读懂孩子的情绪，只将关注的焦点停留在孩子的行为上——无缘无故不高兴，非要闹着回家，家长抱怨孩子不懂事、不听话。于是，孩子的内心更委屈了，开始哭闹、愤怒，甚至做出更偏激的行为，其实希望借此引起父母对他们的理解和关心。

一方面，父母不关注孩子的情绪，不能读懂孩子的情绪，使得孩子觉得自己被父母忽视和讨厌；另一方面，父母觉得孩子无理取闹、顽劣、不听话。这无疑极大可能地导致父母和孩子的亲子关系越来越紧张。

一日和朋友聚会，朋友小吴因为工作繁忙，很少和孩子相处，便带上了孩子参加聚会。开始孩子很乖巧，安静地在妈妈身边喝果汁、吃甜点，可突然间，孩子便不安稳起来，一会儿要求妈妈给自己夹菜，一会儿要求妈妈带自己上卫生间，一会

儿又跳下凳子到处乱跑乱跳。

小吴和朋友们正聊得起劲儿，见孩子如此不听话，便严肃地命令道："你怎么这么不听话！如果下次再这样，我就不带你出来了！"

听了小吴的话，孩子感觉很委屈，眼泪在眼眶里打转儿。接下来，小吴继续和朋友们闲聊，说自己的工作压力、生活琐事，却没有对孩子说一句话。这时，我看到这孩子低着头，时不时还瞄一瞄妈妈，想要说话却不敢开口。

我悄悄地走到孩子身边，问道："你是不是想和妈妈说话？"孩子点了点头。

我问道："你想要什么？我可以帮助你！"可孩子却摇摇头，只是说："我只想和妈妈说话。"

这时我才了解，孩子之前频繁打扰妈妈其实就是想博得妈妈的关注。因为小吴一直和朋友们聊天，忽视了她的存在，所以她情绪很失落，想要通过这样的方式来引起妈妈的注意。但是小吴只顾着和友人说话，完全忽略了孩子的感受。

事后，我和小吴好好地谈了一次，这时她才发现自己的问题。她说："我平时比较忙，很少耐心地陪伴孩子。即便陪伴了，也只是关注她的行为，如此看来，我是真的错了。"

是啊！如果单看孩子的行为，我们会觉得他们时常胡闹、不听话，可事实上，这些行为的背后都隐藏着孩子的情绪。一旦我们无法读懂孩子的行为，那么就可能使得其情绪无法正常释放和发泄，甚至因为被父母忽视、冷待而变得不安、焦虑，直至做出极端行为。

现实生活中有太多这样的案例：一名小学生考试成绩不理想，内心惭愧、痛苦、后悔，可父母不仅不给予安慰和鼓励，反而对他责骂、挖苦、打骂。结果，这名小学生悲愤不已，选择了跳楼自杀；10岁男孩学习压力大，每天都上数学、英语、美术、足球等培训班，身体和心理都感到异常疲惫。当他向父母述说自己感觉累时，父母不仅无法理解孩子，反而训斥他不知道努力，结果孩子不堪重负，离家出走……

每个人都有情绪，孩子的情绪都是由内心而发的，无论是喜悦、快乐、幸福，还是沮丧、愤怒、悲伤、烦躁，都是孩子内心最真实情感、心理状态的反应。可若是孩子的情绪得不到及时的关注和释放，或是父母一味地压抑孩子的情绪发泄，那么孩子的身心健康和成长就会受到严重伤害。因为一个人的情绪就像是压力锅中的蒸汽，一旦不断堆积、压抑，就会有随时爆炸的危险。

所以说，父母应该多给予孩子关心和关注，读懂他们的情绪和情感。当孩子情绪不好或是发泄情绪时，不要气急败坏地说："你又怎么了？""你不要无理取闹！"而是耐心地询问孩子："你是不是感觉不舒服？""你为什么会伤心/愤怒/兴奋/情绪低落……"得到答案后，耐心地与孩子沟通，帮助孩子解决疑惑和困扰。

同时，一旦发现孩子出现不良情绪时，父母们应该先尝试接受孩子的情绪，然后告诉孩子和自己——任何情绪都是一个人真实感受的体现，是生理和心理的本能反应，合理地释放和管理自己的情绪，才不会让负面情绪始终围绕着自己。当父母帮助孩子学习正确管理好情绪，那么孩子就不会情绪暴躁甚至无理取闹了。同时，孩子还会更加信任和尊重父母，更愿意亲近父母。

当然，关注和接受孩子的情绪，并不是说纵容孩子肆意发泄坏脾气、无缘无故闹情绪。

身为父母的我们在尊重和接受孩子情绪的同时，应该告诉孩子胡乱发脾气是不对的，然后帮助孩子选择合适的方式来释放情绪、解决问题，如此一来孩子才不会陷入负面情绪的漩涡之中。

越敏感的父母，孩子活得越累

现在网上流行一个词，叫钝感父母。这源于日本作家渡边淳一的著作《钝感力》，里面有这样一段话："钝感虽然有时给人以迟钝、木讷的负面印象，但钝感力却是我们赢得美好生活的手段和智慧。"

提出这一概念的人认为，钝感的父母往往不敏感，容易接受孩子，给孩子比较自由、轻松的成长环境。简单来说，孩子不优秀，钝感父母不会急躁，反而会慢慢引导孩子，教他一点点地进步；孩子犯错了，钝感父母不会情绪失控，会耐心地帮助孩子寻找犯错的原因，帮助孩子慢慢地改正；钝感的父母不奢望孩子能够成为"神童"，而是希望孩子能慢慢地长大，享受童年应该享受的快乐。

正因为如此，越是钝感力强的父母，培养出的孩子越优秀，成长中获得的幸福感也就越大。

童话大王郑渊洁就是一位钝感力强的父亲，他曾经说："我的儿子是一头小猪，这就足够了。我不羡慕别人家的猛虎儿子，我也不嫉妒人家的千里马儿子。"

虽然孩子是"一头小猪"，但是郑渊洁欣赏孩子，不把孩子与别人家孩子作比较，相反的，他能够耐心来引导孩子慢慢地往前走。

所以郑渊洁的孩子是在自由、快乐的环境中成长的。虽然儿子只有小学文凭，可跟学历相比，他获得了知识和快乐，获得了与他人完全不一样的人生。他从小接受郑渊洁的教育，后来创办《皮皮鲁》杂志、创建文化科技公司，事业发展得风生水起。

然而现实生活中，这样钝感的父母却非常少，绝大部分父母都恰好与之相反——敏感。与钝感父母相比，敏感的父母，更不容易接受和理解孩子，更不能从容地面对孩子。

敏感的父母希望孩子能成才，容不得孩子不优秀。所以只要觉得对孩子有益，他们就会统统塞给孩子，一路催着孩子往前走，结果逼得孩子连喘气的机会都没有。

赛达斯的父亲很早就发现了孩子的语言天赋很强，并且对他进行了系统的语言训练。当赛达斯6个月大的时候，父亲就教他认识和阅读全部的英文字母，之后还让他接触各种几何图形、数学算法、多种外国语言，甚至是医学解剖方面的专业知识。

初期的教育结果是惊人的，赛达斯2岁就能看懂中学课本，4岁时已经发表了3篇500字的文章，6岁生日晚会上又写成了一篇解剖学论文。年仅12岁的他就被哈佛大学破格录取，成为年纪最小的哈佛学子。可是由于父亲对赛达斯的教育违背了自然规律，使得他的大脑开始迟钝、混乱，甚至是精神错乱。在赛达斯14岁的时候，他不得不进入精神病院进行治疗，结束了他"天才"的一生。

最后，虽然赛达斯精神恢复了正常，但是却永远不愿回家，不愿面对自己的父亲。他成为一名普通的售货员，过起平凡、普通的生活。

敏感的父母还习惯把自己家孩子和别人家孩子作比较，并且不甘落在他人之后。看到别人家孩子学习跳舞，他会立即给孩子报名；看到别人家孩子参加奥数比赛，他会立即强迫孩子学奥数。

在这些父母的眼里，自己的孩子不能被别人落下，自己的孩子不能输在起跑线上。殊不知，他的急功近利、暗暗较劲，只能导致孩子的各种不配合、不听话，并且让孩子精神上承受巨大的压力，毫无幸福感。

所以，做父母不能太敏感，学习做一个钝感力强的父母，从容面对孩子的成长，给予孩子自由。如此一来，孩子才能越来越乐观、自信，也会因此博得更精彩的人生。

陪伴第五阶：爸妈轻轻蹲下去，你是孩子最喜欢的玩伴

站在孩子的高度和角度，你会发现孩子的世界和我们成人完全不一样，你会发现孩子的喜怒哀乐原来这么简单。所以，父母们应该蹲下来看看孩子，蹲下来和孩子说说话，蹲下来和孩子玩游戏，如此一来，你不仅可以赢得孩子的喜欢，更可以走进孩子的世界，实现高质量的陪伴。

做父母，本就是一件严谨而有趣的事情

对于绝大部分传统父母来说，严肃好像是他们自己的代名词。他们认为自己是长辈，就必须有威严和权威。于是，只要和孩子讲话他们就会板着脸，甚至言辞中还充斥着训诫和命令。

至于陪孩子玩、与孩子一同嬉戏，对他们来说是绝对禁止的事情了。因为他们会担心，和孩子嬉皮笑脸会导致孩子"没大没小"；一旦孩子犯错，自己的话就会失去力度，不能让孩子知错改错。

其实，这些父母的担心也不是没有道理，父母确实应该保持一定的威严，让孩子有敬畏感。可他们不知道的是，孩子的敬畏感并不是因为父母的严厉或严肃，而是源于父母的以身作则、说到做到。若是父母总是表现得过于严肃，端着家长的架子，那么就会使家庭气氛变得压抑。当孩子长大后，要么唯唯诺诺没有自己的独立人格，要么因为逆反的因子做了一个"坏孩子"。

这个时候，或许有人要说了，难道面对孩子就必须嬉皮笑脸吗？并不是如此。

身为父母，我们需要保持严肃，一旦孩子犯错或是顽皮，就应该一本正经地批评，让孩子知道什么是正确的，什么是错误的。可平时我们就应该和孩子愉快地相处，让孩子在轻松愉快的气氛中成长。

钱钟书先生是一位幽默有趣的人，也是一位亲和力强且富有童真的父亲。在和女儿相处的过程中，他总是能和女儿打成一片。

每天睡觉的时候，钱钟书先生都会在女儿的被窝里埋置"地雷"：大大小小的玩具、镜子、刷子，甚至砚台或大把的毛笔。听到女儿被吓得尖叫，他就会得意地大笑，然后像孩子般地跑开。

有一次，女儿大热天露着肚皮睡觉，他竟然在她肚皮上画了个大花脸。等女儿醒来的时候，他还装作若无其事的样子，给她拿来一面镜子，让她看自己可笑的模样，惹得夫人把他训斥一顿。

在教女儿学习英语、法语、德语的时候，钱钟书先生也会捉弄女儿，故意教她说一些粗话。等到朋友来家里做客的时候，他就会怂恿女儿在客人面前"卖弄"。结果，客人和钱钟书被逗得哈哈大笑，女儿却以为自己很博学，在那里沾沾自喜。

正是因为钱钟书先生亲近孩子，融入了孩子的世界，所以他深受孩子的喜欢。孩子并没有因为他不严厉和严肃而不尊敬他，更不会觉得他没有权威。在女儿心里，父亲就是最伟大的人、是最令人尊敬的人。

所以，父母与孩子建立良好的关系并没有那么难。放下架子，不要总想着树立权威，而是轻轻地蹲下来，和孩子成为朋友，那么孩子对你就不会只有畏惧而没有亲近。

和孩子做朋友，父母就应该与孩子一起感受生活，让自己拥有孩子的视角。比如，孩子趴在地上研究蚂蚁，你不妨也蹲下来，然后好奇地问："咦？这些小蚂蚁为什么要搬家？"；再比如孩子想象力丰富，梦想着能飞到月亮上去，你也可以一起畅想，说："好呀，你可以在梦里到月球上好好玩。不过，别忘了回家哟！"

当然，父母们还需要尊重孩子的童真，保护好孩子的幽默。比如孩子穿着你的衣服扮大人，虽然幼稚可笑，但是父母却不能指责和制止；孩子故意把鞋子穿在手上，把衣服穿在后面，父母也不要强迫他们改正"错误"；孩子把你的鞋柜弄得乱七八糟，千万不要一巴掌就打下去……最好是加入他们，和孩子一起创造更多有趣的点子，如此孩子才能更加快乐，更愿意亲近你。

现在我来分享周国平先生的一段话："有一些正经的父母，自己十分无趣，看见孩子调皮就加以责罚，听见孩子的有趣话语也无动于衷，我真为他们的孩子感到冤枉。在干旱的沙漠里中，孩子的智性花朵过早的枯萎了。在沉寂的闷屋中，孩子的灵性笑声过早的喑哑了。如果一个孩子天赋正常却不会幽默，责任一定在大人。"

所以，和孩子做朋友，并努力做一个有趣的父母吧！

放低的不应该只有身体，更应该是情绪

很多女性都说，自从当了妈妈后，整个人的情绪状态都是紊乱的。对于职场妈妈来说，既要面临来自工作、老板、客户的压力，又要照顾孩子的穿衣吃饭，还要忙着做家务、照顾丈夫的起居；对于全职妈妈来说，每天围着孩子转，洗衣、做饭、打扫卫生、带孩子玩、陪孩子写作业。而这一切都不能赢得家人的理解和重视，时常被人说，"在家带孩子很轻松""什么都不会做，只会带孩子"。若是孩子生病了，或是磕了、碰了，全家人的矛头便开始指向妈妈，埋怨"就带个孩子还带不好"。

于是，面对生活、孩子、职场等各方面的压力，女性的情绪会变得敏感、无常——有时忍不住大吼大叫，有时情绪低落，恨不得把孩子打一顿。

也许对于每一个母亲来说，情绪发泄是积压许久之后的爆发，是无法控制的；也许情绪发泄出去之后，自己很快就会恢复正常。可是，对于孩子来说，情绪不稳定的妈妈是非常可怕的，伤害也是非常大的，甚至会给他们幼小的心灵带来很大的

阴影，直到孩子成年后依旧无法抹灭。

这是因为，孩子还不能理解父母的情绪，不知道自己做错了什么，更不知道自己怎样做才能让妈妈不生气。孩子无法抵挡坏情绪给自己造成的伤害，只会本能地把自己的真实情感隐藏起来。于是，在原本快乐无忧的年纪里，孩子变得战战兢兢、小心翼翼，失去孩子应有的脾气和任性。时间长了，他们学会了看大人的脸色做事，避免一不小心就被迁怒。

之前觉得女星陈乔恩是一名自信、乐观的女性，可在某档亲情类电视节目中却发现，在她最亲近的母亲面前她却是小心翼翼、诚惶诚恐的。她说小时候妈妈脾气非常不好，时常因为某些小事打她。这导致她小时候非常胆小自卑、不敢说话、不敢交朋友，甚至有些自闭情绪。

当说这些时，陈乔恩的精神是高度紧张的，处于一种心理应激状态——恐慌、无措、不时回头看，恐怕母亲突然出现。这足以说明母亲的坏脾气给她的心灵造成了巨大的伤害，以至于直到现在她仍没有从阴影中走出来。

母亲的情绪不稳定，时而乱发脾气，时而温柔可亲，会让孩子的思想紊乱，甚至产生错误的观点——爱的表达方式就是挑剔和责骂，甚至把发泄式的责骂与爱和关怀等同起来。这种观念一旦形成，孩子的行为和思想就会出现偏差，在之后模仿，或是复制妈妈的行为，用同样的方式来对待自己的爱人、亲人。

直到孩子成年后，他们也不会修复这种错误，而是会复制童年的错误。也就是说，孩子会从父母那里"继承"这种错误，等到若干年后他们成为父母时，即便明知道不应该，即便对这种方式深恶痛绝，却还会不自觉地把它们都砸向自己的孩子身上。

这是因为成长的最直接方式是模仿，父母的坏脾气、大吼大叫会直接被孩子模仿、记忆、储存。之前看过一本名叫《妈妈、躁狂与我》，是作者戴安娜和自己妈妈的故事。戴安娜的妈妈脾气不怎么好，随时都可能因为小事情绪失控，然后就责骂甚至是打她和姐姐。所以，在戴安娜的眼中，妈妈是一个非常可怕的人，甚至希望妈妈早点死掉。

戴安娜不明白，自己和姐姐非常乖巧和聪明，很少做出过分的事情，为什么妈妈却总是动不动就对自己发火；她不明白自己已经努力做到最好了，为什么妈妈还不满意。慢慢地，她开始质疑自己，怀疑自己是不是多余的，是不是真的很糟糕？她开始逃避与妈妈接触，一看到妈妈发脾气就躲在桌角底下。

长大之后，戴安娜为了逃避妈妈，便早早地结婚、搬离了自己家。可她的生活并不幸福，不到五年就离婚了。面对生活的压力，戴安娜发现自己变成了妈妈那样——暴躁、控制不住自己的情绪，动不动对孩子发火。戴安娜讨厌妈妈，惧怕妈妈的情绪不稳定，可是她的性格和心理却在无形中被深深地印上了妈妈的印记。好在戴安娜及时发现并改掉自己的问题，让自己能掌握自己的情绪，避免了妈妈的悲剧。

所以说，无法控制自己的情绪，动不动迁怒孩子，不管对孩子还是父母来说都是一种伤害。在与孩子相处的过程中，我们不仅要放低自己的身体和姿态，更要放平自己的情绪，做一个情绪稳定的成年人。

不管什么时候，我们都需要做到自控和自省，努力让自己平静下来。

陪玩——建立情感的直接纽带

在孩子成长的过程中，吃、睡、玩是头等重要的事情，所以，父母们要保证孩子做好这三件事情，让孩子吃得好、睡得好、玩得好，孩子才能健康快乐地成长。

然而绝大部分父母似乎只关注前两件事情，忽略了孩子爱玩的天性，更不愿意陪孩子玩。孩子小时候，父母觉得孩子玩的游戏是幼稚的，陪孩子玩很无聊、无趣。于是绝大部分时间，他们把孩子放在一旁玩，自己则一会儿刷朋友圈，一会儿打游戏，敷衍着孩子；有的父母觉得陪孩子玩就是浪费自己的时间，一听到孩子要求陪玩，就以忙碌为借口拒绝。

孩子长大后，父母又觉得孩子可以自己玩了，就更没有心思陪孩子玩了。甚至有些父母还会因为孩子玩游戏而训斥孩子："你都这么大了，还这么贪玩，怪不得学习成绩不好！""你有这个时间还不如好好写作业，不要总想着玩。"

这些父母认为陪孩子玩是可有可无的。殊不知在孩子的成长过程中，父母的陪玩是必不可少的。毫不夸张地说，没有孩子不爱游戏，游戏就是孩子的语言。并且陪孩子玩游戏，不仅可以促进孩子与父母建立亲密的亲子关系，给孩子的童年留下美好的印记，还可以让孩子的性格更开朗乐观、更有安全感。

我的一位同学非常重视陪孩子玩，尽管平时工作比较忙，但是每天都会挤出一个小时陪孩子玩。她平时会陪孩子打球、骑自行车、做手工，周末的时候还会去游乐场、爬山，以及玩孩子想玩的任何新花样。

一次，孩子听说周末凌晨会有流星雨，便想去看流星雨。同学为了满足孩子的愿望，在网上订购了帐篷、睡袋，在超市购买好零食、水果、饮料，并且查询好观看流星雨的最佳地点，准备陪着孩子在野外观看流星雨。

那一天，同学和孩子天一黑就来到户外，躺在帐篷里说说笑笑，后来还比赛数星星，非常开心和惬意。凌晨时分，天空滑落一颗流星，孩子兴奋地跑出帐篷，高兴得手舞足蹈，对着流星许愿。虽然之后天空只有少数几颗流星划过，并没有见到新闻媒体所说的流星雨。可同学和孩子都异常兴奋，毕竟这次经历是之前没有的。

事后，其他同学提出了质疑："为了看几颗流星，你陪孩子那么折腾，难道不麻烦吗？"

同学则笑着回道说："一点都不麻烦。孩子从来没露过营，也没有看过流星雨，我陪孩子体验他没有体验过的事情，虽然折腾些，却是很有意义的。而且，我也觉得露营很好玩啊！"

同学真的很享受陪孩子玩的过程，孩子自然也感觉到了母亲的支持和爱。孩子非常信任自己的妈妈，平时有什么心事都和妈妈说。

可见，陪玩真的是父母与孩子建立情感的直接纽带。在父母的用心陪玩中，孩子能够感觉到父母接纳和尊重自己，父母是爱自己的。同时父母用心地陪孩子玩，可以学会从孩子的角度出发，了解孩子的想法和感受，走进孩子的内心。

所以，美国心理学家劳伦斯·科恩在《游戏力》中说："和孩子一起玩，是建立亲密关系的最佳方式。因为和孩子相处，最好的方式不是'说给他听'，而是转化成孩子理解并能接受的语言——玩，去做给他看。"美国《发育与精神病理学》期刊也曾经指出，父母多与孩子一起玩耍、交流，有利于其青少年期、甚至成年后的心理健康，避免孩子出现人格障碍的可能性。

当然，陪玩并不是简单的事情。若是陪玩的过程中，父母总是心不在焉，一边陪着孩子玩一边忙着看手机，这样的陪伴是低质量的。

前些天看到一群小朋友在娱乐场玩滑梯，一个个玩得不亦乐乎。突然一个五六岁的小男孩朝坐在一旁的妈妈喊道："妈妈，你看我多厉害！"说着，小男孩从滑梯上滑了下来，站稳之后还做了一个帅气的姿势。

可这位妈妈却头也没抬，眼睛一直看着手机。男孩有些着急，又大声喊道："妈妈，你不要看手机了！你快看看我！"

妈妈随口说了声"好"，抬头看了眼孩子，随后又开始看起手机。小男孩再次滑下来的时候见妈妈并没有看自己，有些生气地跑过来说："妈妈，你为什么不看我！"

妈妈敷衍着说："我不是看你了吗！乖，快点去玩吧！"

男孩更加生气了，"哼，你就是没看我。你说陪我出来玩，却一直看手机！我不玩了！"直到这时，这位妈妈才不甘心地放下手机，说："好好好，我看你。你去玩吧！"

事实上，生活中有很多这样的父母，把孩子送入游乐场，然后自己坐在一旁看手机，半天都不和孩子交流，导致陪伴的低质量。所以，我们应该明白，陪孩子玩不仅仅是一种游戏，而是父母与子女之间的沟通和交流。专注些，走心些，孩子才能感受到自己被爱和关注，从而感到安全感和快乐。

　　同时，陪玩的过程中，父母还应该放下身段和说教，单纯地享受与孩子玩的乐趣。什么时间玩，应该孩子说了算；玩什么，也应该孩子说了算。把权力交给孩子，父母用心地陪伴和互动，陪孩子疯，陪孩子闹，如此才是高质量的陪玩。

想让孩子做学霸，先教他懂得玩耍

很多父母有一个错误的认识——永远都拿第一的孩子才是最优秀的；把孩子送进名校，让孩子有大好前途的父母，才是成功的。

所以，父母们每天督促孩子学习，让他背单词、背古诗、学奥数，给他报各种培训班、特长班；平常只关注孩子的学习，成绩好了就表扬，成绩不好则大加批评；不允许孩子玩游戏、看手机，甚至不允许孩子和其他同学一起玩耍，害怕别人带坏自己的孩子……最后，孩子不负众望，成了人人口中的学霸。如愿以偿地看着孩子进入重点小学、重点中学、重点大学，拿到很高的学位，还身怀多种才艺。

然而这些父母不知道的是，有些这样的孩子身上除了会学习，其他方面可能一无是处——不善于与他人交往，不懂得尊重他人，古板无趣，适应能力差，不善于与人合作，孤僻脆弱……

前段时间有位妈妈向我讲述关于自己孩子的经历，说自己的错误思维害了孩子。她始终认为，孩子只要学习好、身体健康就可以了。于是在教育孩子的过程中，她的关注点始终在孩子的学习上，很少让孩子外出玩耍。

她的孩子每天晚上只有半个小时的散步时间。除此之外，放学后必须立即回家，不能在外面逗留，不能和小区的同学玩耍；每周日，这位妈妈会带孩子到少年宫打1个小时羽毛球。除此之外，孩子还必须上英语、数学、语文的培训班。

可孩子毕竟是孩子，天性就是贪玩。每次路过小区广场，看到其他小朋友踢球、玩游戏，这个孩子都会投去羡慕的目光；每次在家里写作业、做练习，听到外面孩子嬉戏的欢笑声，这孩子都会情不自禁地望向窗外。每当这时，这位妈妈不是严厉地批评，就是苦口婆心地劝说。

慢慢地，孩子变得麻木了，不再想玩的事情。可是他整个人也变了很多，拒绝和父母交流，整天闷在屋子里不出来。老师多次打电话与这位妈妈交流，说这孩子不善于交流，没有朋友，而且最近变得越来越孤僻、冷漠。还说孩子的综合能力很差，除了学习，体育、劳动、协作都差强人意。

直到这时，这位妈妈才意识到自己只看重孩子成绩，为了让孩子成为学霸而牺牲孩子游戏时间的思维是错误的。当然，好在这位妈妈意识到这一点，如果她现在能够改变自己的思维，给孩子足够的空间，那么还有可能改变孩子。

和这位妈妈有类似想法和行为的父母们也应该警醒，不要只想孩子当学霸就好，一味地禁止孩子玩耍游戏。对于孩子来说，成绩是非常重要的，但绝对不应该是唯一的。即便孩子永远拿第一，也并不代表他就是最优秀的。与学习成绩相比，懂得玩耍，并随心所欲地玩耍才是最重要的。

这是因为，孩子进入这个社会之后，倚靠的不仅仅是学习成绩，还有综合能力。这综合能力包括了社交力、创造力、思维力、应变力、抗挫力等等。而很多时候，通过学习孩子只可以掌握书本上的知识，只有自由自在地玩耍，孩子才能掌握并提高这些能力。同时，自由自在地玩耍还可以帮助孩子缓解内心的压力，在之后能够更好地应对挫折、克服困难。

尤其是与同龄人一起自由玩耍，可以让孩子培养社交能力、协作能力。因为在与同伴玩耍的过程中，孩子能够慢慢知道哪些行为是受欢迎的，哪些行为是不受欢迎的；什么时候应该坚持自己的主见，什么时候应该向同伴妥协；知道与别人合作、团结才能更有效地克服困难、解决问题。

心理学家佩莱格里尼就曾说过："只有在与同伴的交往过程中，你的社交能力才会变得越来越强。通过与同龄人互动，孩子们才会逐渐知道哪些东西是大家可以接受的，哪些是无法接受的。"

或许有些父母会问："要是我家孩子贪玩，不爱学习呢？难道我们就要任由他肆无忌惮地玩吗？"当然不是。孩子贪玩，成绩上不去，确实让父母着急。但是强迫孩子学习，剥夺孩子玩耍的时间，并不是解决这个问题的好办法。这不仅会压制孩子的天性，还可能迫使孩子产生逆反心理。

其实最好的办法就是尊重孩子，努力做到寓教于乐，让孩子享受到学习的乐趣。比如，通过玩游戏的方式，把相关知识和技能教给孩子，或是慢慢地引导孩子，让他们玩的时候尽情玩，学习的时候努力学。如此一来，孩子自然就不会因为玩耍而耽误学习，甚至还可能给父母一个大大的惊喜。

不管怎样，我们都需要记住一句话："为人父母的最终目的，不是培养出一个除了学习什么都不会的学霸，而是培养出综合能力强、能更好适应社交的孩子。"这是因为孩子不是只要聪明就好，更重要的应该是让孩子拥有健康的人格、积极的心态和高水平的情商。

在角色扮演中，引导孩子感知生活

孩子是天生的模仿者，无时无刻不在模仿身边的人、物、事。你对着几个月大的孩子说话，他们就会"咿咿呀呀"地模仿，你对着他们做鬼脸、哈哈大笑，他们也会模仿你的样子做鬼脸、哈哈大笑，甚至还会兴奋得手舞足蹈。

等到孩子三五岁的时候，由于语言能力和思维能力得到一定的发展，对这个世界就会更好奇，喜欢模仿大人说话、做事，还会模仿小狗"汪汪"地叫、模仿兔子一蹦一跳。再过一段时间，孩子就会沉迷于模仿的世界无法自拔，看了动画片之后，他们会模仿其中的人物，比如，奥特曼、超人、蜘蛛侠；听了童话故事，他们会幻想自己就是那个人物，比如，白雪公主、英俊的王子。

所以，我们时常会看到孩子们玩角色扮演的游戏，包括男孩子喜欢的警察抓小偷、官兵抓盗贼，女孩子迷恋的公主们的聚会、医生救治病人等等。很多时候，孩子还要求父母参与进来，让父母做自己的士兵、病人、宝宝。

可令人遗憾的是，绝大部分父母并不愿意配合孩子，觉得孩子的扮演游戏是非常幼稚的，自己作为大人怎么能和孩子一起胡闹呢？我的朋友菲菲就是这样想的，她时常苦恼地说："现在孩子怎么这么爱玩角色扮演游戏，每天不是让我扮演宝宝就是扮演病人。真的是让我哭笑不得。"

我笑着说："小孩子都爱角色扮演啊！我们小时候不也玩过家家的游戏吗！"

她反驳说："可是我觉得很幼稚啊！我这么大的人玩那么幼稚的游戏，真的很无聊！昨天竟然还想要和我玩什么动物园的游戏，让我扮演一只大猩猩。还有上次，这孩子拿出她的玩具医药箱，学着护士的样子，非要给我打针。没有办法，我只能配合着伸出胳膊，可是她却说我是小宝宝，让我学着小宝宝的声音哭……唉！我真的没有办法配合啊！"

确实，对于成年人来说，孩子游戏有些幼稚，会感觉到无聊。但是我们需要知道，这不仅仅是游戏和娱乐，更是孩子探索和成长的过程，是孩子童年的标志之一。模仿和角色扮演可以给孩子带来快乐，还可以让孩子掌握各种技能，更好地感知生活，进而使智能、体能和思维都得到更好的发展。父母可以借此模拟并教给孩子处理冲突并解决问题的方法，帮助他们练习社交互动的技能。比如，你模拟与孩子发生冲突，看孩子如何解决问题；你假装与孩子交涉，看孩子如何进行谈判。

当然，父母的首要目的是教会孩子更安全、正确地处理问题方式。告诉孩子，如果与小朋友发生冲突，你要说出自己的感受："打人是不对的。"或是"碰倒我的玩具，你需要道歉。"若是对方蛮不讲理，你不必跟他纠缠，告诉家长或老师是最好的解决办法。

同时，角色扮演的过程中，孩子从另一个角度来看待问题、思考问题，这有利于提高孩子的共情能力和同理心。虽然这些角色是幻想的，但是也是真实的，孩子们尝试了不同的角色，比如，公主、医生、护士、妈妈等等，通过不同的视角来看待世界，便可以体会他人的感受，思考不同的问题。比如，父母和孩子进行角色互换，让孩子做妈妈，妈妈做宝宝，孩子帮妈妈拿衣服、洗脸、准备碗筷。如此一来，孩子就会感受到妈妈对自己的爱，感受到妈妈照顾自己的辛苦，进而更尊重妈妈。

除此之外，角色扮演游戏也是一种很好的方式，可以让孩子释放内心的压力，调节不安、恐惧的情绪。比如，孩子怕打预防针，父母可以和孩子玩看病打针的游戏，模拟打针的情形；孩子怕小动物，父母可以和孩子模拟各种小动物的叫声、动作，让孩子知道小动物的可爱；孩子比较怕黑，那么扮演童子军去露营的游戏就非常不错。妈妈可以为孩子准备帐篷，关掉灯光，假装与孩子到野外露营，让孩子在游戏中克服对黑暗的恐惧。

可以说，角色扮演游戏可以使得孩子提高社交能力、解决冲突的能力、自我宣传能力，更可以让孩子更加勇敢、自信、有毅力。

所以当孩子再要求父母玩角色扮演游戏时，不要因为觉得幼稚而拒绝，更不要训斥孩子胡闹。给予孩子足够的鼓励，并加入孩子的游戏中，如此一来孩子才能体验到不同角色的所思所想，提升自己的各种能力，进而更快乐地成长。

陪伴第六阶：赋予自由与信任，让孩子像孩子那样长大

自由与信任，是孩子最需要的，也是父母最应该给予孩子的。唯有父母信任孩子，给予孩子自由，孩子才能拥有管好自己和控制自己的能力，从而愈发优秀。

别人家的好孩子，真的不是管出来的

随着孩子步入幼儿园、小学、中学，有不少父母直言现在做父母太难了。原本对孩子秉持放养教育，一言一行无须恪守规矩，然而对比之下，发现本以为自己的孩子很优秀了，结果被别人家孩子给比下去。那些别人家的孩子，性格更乖巧懂事，成绩遥遥领先。再回头去看自己的孩子，发觉自己的教育方法是失败的。

怎么办？改！

如何改呢？像别人家父母一样，管！

大家有同样的想法，原因简单又直接。孩子资质都差不多，但凡能拉开这么大的差距，责任都在父母身上。想到这里，家长们脑补出别人家教育孩子的画面：孩子不愿意学习，家长先是苦口婆心地教育；再不听，那就开始严加管教，寸步不离地在孩子面前晃悠，直到孩子拿笔写字。衣食住行学，只要家长全都用这种战术，就能培育出优秀的好孩子。

我所住的这栋楼里，有初中生、小学生，还有牙牙学语的孩子们。初中生童童是个优秀的女孩，这是大家公认的。每天出门上学，她都会跟邻居打招呼。长相秀气不失活泼，行为礼貌有亲和力，大人与孩子都喜欢跟她聊天。最棒的还是要数她的成绩了，她每年考试都稳拿班级前五名，成绩好不偏科，是老师和学生眼里的学霸。除此之外，小姑娘还有一身的才艺，什么羽毛球、游泳、书法，都像模像样，俨然是个小小的才艺家。

谁家有这样值得骄傲的孩子，走路都会抬头挺胸。有这么个优秀的"别人家的好孩子"，整栋楼都非常有压力，纷纷教育自己的孩子向童童姐姐学习。怎么教育呢？孩子的天性是爱玩。上小学的佳佳同样是个女孩子，疯玩起来活脱脱像个假小子。不管是大考还是小考，只要成绩一出来，家里总是传出父母责备的声音。父母头疼，孩子伤心，但是责骂是骂不出好成绩的，还有可能导致亲子关系变得糟糕。越是羡慕别人家的好孩子，越是对自己的"坏孩子"恨铁不成钢。佳佳的父母只能在工作之余，加强对孩子的管教。孩子一回家还没放下书包，父母就跟在她后面说："洗手吃饭，吃完饭赶紧做作业！"佳佳的筷子还没放下，大人就开始敦促她："吃完赶紧写作业，八点前完成，还有我们额外增加的辅导书呢。"就这样，一直到上床睡觉，父母都管着佳佳，她连插嘴的机会都没有，只能听着父母的唠叨被安排着。突然间，佳佳觉得自己像个被操控的机器人，生活失去了乐趣。这样"寸步不离"地管教持续了一周，佳佳和父母都疲惫极了。孩子也产生了逆反心理，大人越是一板一眼地发号施令，她越不能理解父母的苦心，反而会埋怨父母管得太严。本来挺好的亲子关系，就被突如其来地贴身管教破坏得一塌糊涂。过了几天，又是一次小阶段的测验。佳佳拿着成绩单回到家，看起来沮丧极了。以往佳佳的成绩虽然不那么棒，但在班里也是中游。而这次，佳佳居然退步了十几个名次！看到这个太不理想的成绩，佳佳父母勃然大怒，当场就劈头盖脸地把佳佳教训了一顿。

佳佳非常委屈："谁让你们管我的？不管我还好好的！你们要管也要讲究方法，你们烦我，我还烦你们呢！人家童童姐姐也不是像你们这样管出来的！"这一席话说出来，佳佳父母突然发觉自己走进了一个误区。只看着别人家孩子优秀，可别人家的孩子究竟是被父母引导着自律发展，还是跟随父母榜样学习，或者是被严密管教，这些都是自己的猜测，并不是改变教育方法的依据。

后来，佳佳的父母专门找童童的父母去请教了一下，想知道他们是怎么管出来这么棒的孩子。听完对方的话，他们才知道自己错了。童童的父母平常工作繁忙，回家后根本没有时间督促孩子学习。孩子从小养成了好的学习习惯，到现在已经轻松许多。教育不需要全管，也不能不管。当童童遇到难题的时候，父母会及时回应，给予鼓励和帮助。正平常的待人接物，更不需要一言一行的教，大人做好示范就好了。

居然这么简单？别人家的好孩子就是这么"练"成的？佳佳父母听到后不敢置信，却又不得不承认，这是身边的真实案例。他们回到家看着自己的孩子，经过一段时间的严加管教，看上去疲惫不堪。或许他们应该换一种教育方法，而不是随意按照自己的想象进行教育。否则就会毁了孩子，也累了自己！

孩子就像是一棵树，在生长的过程中，出现不必要的枝丫需要砍掉，需要家长的帮忙；精神疲惫，需要浇水，同样需要家长的培育。但是并没有哪一棵树，需要被人一直盯着，一直看着，一直管着。

父母学会放手，才能给孩子更大的发展空间。在他们的成长道路上，有太多的东西需要自己去摸索，这是一份宝贵的经历。别人家的好孩子，真的不是管出来的。适当的放手，给自己和孩子都留一些空间，既是给孩子减负，家长也能轻松陪伴。

　　每个孩子都是聪明的。他们从出生开始，本能的吸吮母乳动作，到后来学会翻身、坐起、直到爬和走，成长的速度特别惊人。父母对人讲礼貌，孩子会看在眼里；父母喜欢读书，作息规律，孩子也会模仿着做；父母乐观开朗，笑对生活，那么孩子的笑容也会更多……

　　我想说，孩子的成长之路非常长。没有哪对父母，能陪孩子走完全程。紧紧跟随的管孩子只能取得一时的作用，甚至会起到反作用。放手的陪伴，在他们需要的时候及时出现，才是我们说的高质量陪伴。父母与子女，是生命中最好的缘分。别让过度的管教，成了孩子成长的绊脚石。做那个蹲在路边为孩子鼓掌的家长，摔倒的时候有你的呵护，疲惫的时候有你的鼓励，对孩子来说，足矣！

自由的家庭中，往往能培养更自律的孩子

孩子很小的时候，由她的奶奶帮忙照顾过一段时间，这段时间孩子的很多行为都是奶奶不能理解的。比如，我家孩子在学话阶段，特别喜欢直接叫我们的名字，而不是叫"爸爸妈妈"。她的想法非常简单，你们彼此叫的是名字，为什么我要叫爸爸妈妈呢？所以，她在模仿大人的口吻来称呼别人。

对于孩子的这一行为，我并没有制止，反而觉得很有意思。但是奶奶却很不喜欢，对孩子大声呵斥："怎么能叫爸爸妈妈名字？太没有礼貌了！"刚刚两三岁的孩子，听到这样的批评声，委屈的同时更加叛逆。于是她喊得更大声，听起来就像是对奶奶的挑衅。

在孩子的成长过程中，我和她爸爸都主张给孩子一个自由的环境，她想做什么，只要对自己和别人没有危害，我们都尽量满足她的要求。她1岁多的时候，亲戚给她买了好多绘本。从那时候起，她就表现出极大的读书兴趣。

不知不觉，孩子养成了每天都要看书的习惯，成了一个小书迷。她的这个习惯

让周围的家长非常羡慕，纷纷向我讨教经验，"为什么我家的孩子不喜欢看书，反而喜欢撕书""为什么她看见书就跑，看电视倒是认真投入"……

大家的问题其实大同小异，而我反问他们："给孩子看的什么书呢？"得到的答案听起来都非常高大上，"当然是《唐诗三百首》啊""《千字文》《百家姓》"……我不由得笑了："我们家孩子并没有规定书单，她都是自己选的书籍，然后让我去买。我没有给她买过这些经典书籍。"

"那你家孩子也太自由了吧，想看什么看什么，那有什么用呢，都是没用的书。"他们听了我的答案，未免有些失望。

在我们家，我给孩子所营造的成长环境，是相对宽松和自由的。就拿读书这件事来说，3岁的她，已经认识了很多字。一本普通的故事书，她都可以顺着念下来，而她并没有学会拼音。我鼓励她看书，却不规定她看书的范围。故事书也可，智力测试书也行，只要她有兴趣，我都会让她试一试。因为我深深地知道，在自由的家庭中，往往才能培养出更自律的孩子。她在自由中体会到了决策的乐趣，也感受到了读书会不断增长知识储备量。

在这里，我并非想说自己的女儿是优秀的，或者培养方法是对的。但我还是想说，对于孩子，一定不要给他们过于压抑的环境。让他们体会过自由，才能找到自律的途径。在他们的眼里，世界这么大，需要探索的太多太多。从哪一步入手？从哪一刻开始？都需要自己付出极大的精力去摸索，才能找到自己的爱好，接着才能谈习惯、谈自律、谈成长。

为什么在幼儿园和小学乃至高中，需要按照严格的时间表来生活学习呢？这个答案并不难想到：人数众多的班集体中，老师精力有限，需要维持好秩序才能进行管理。这样做，既能保证孩子们的安全，又可以教授孩子必要的知识技能。

当孩子们在外面已经被拘束了一天的时候，回到家更需要一个放松的环境，这是我们家长需要给孩子的。但是很少有人会这样想，因为大家会害怕！怕孩子从学校到家，环境差异过大，会让孩子产生惰性，疏于管教和安排会让他们陷入懒惰甚至叛逆的泥潭。所以，大多数家长都在教育中刻意地回避了自由。孩子在学校面对老师，回到家面对的是升级版的"老师"。他们同样会给孩子一个有形或者无形的时间表，从回到家的那一刻，一直安排到临睡前。

可是，不知道父母们有没有想过，这样的生活环境，孩子会不会心生厌烦？那份时间表，孩子不想再面对，孩子们想要更为自由的空间。

回到大家担心的那个话题：自由的家庭环境中，是会让孩子疏于自我管理，还是会让他们变得更加自律呢？

肖复兴是一名文学家，他写过一篇文章叫《那片绿绿的爬山虎》，入选中小学教材，大家都非常熟悉。他有一个儿子，名字叫肖铁。子承父业，如今也是著名的文学家。肖铁小时候，是名副其实的学霸。在老师和同学眼里，他考出来的分数，都是因为他的聪明才智。然而，肖复兴在一篇文章里说过，儿子之所以能取得这样的成就，都是用他的刻苦与努力换来的。父母出门访友，问他是否要同行，他拒绝了。他自己待在家里一下午，写了许多英文小纸条，贴在家里提醒自己要记住的单词。从小到大，他都学会安排自己的生活。偶尔父亲要求他早点睡，不要熬夜看直播，他反驳道："我什么时候因为看球耽误学习了？"父亲也就无话可说地退出他的房间。因为他知道，孩子有他自己的生活。

家庭环境是孩子成长适应的第一个环境，我想告诉大家，别过多的插手孩子的生活，孩子们有自己的想法，也会做出自己的安排。

3岁的时候，孩子想拼造型奇特的汽车，父母只需要鼓励就好；

13岁的时候，孩子想要重新学一门乐器，别怪他浪费时间影响学习，他会做出合理的安排；

23岁的时候，孩子要工作还是要读研，长期自律的生活已经能让他做出正确选择……

哪有父母不想孩子快乐成功？给孩子营造轻松自由的家庭氛围，培养自信、培养自律，这就足够了。如果孩子暂时少了那么一点点自律感，也不用着急，打压无用，陪伴才能长久！

父母懂得放手，孩子才有机会管好自己

在我看来，父母与孩子的相处，更像是一场博弈。双方都在寻找一个平衡点，孩子不断地向父母争取自己的权利，而父母则纠结于到底该不该放手。所以，在很长的一段时间里，每个孩子的独立性会出现特别大的差异。归根结底，孩子有没有独立性，取决于父母的教育方式。

中国的教育观念跟外国不一样，对于"十八岁就要独立搬出去住"这种言论，好多人觉得对孩子过于苛刻，表示不赞成。我们喜欢母慈子孝的生活，相信自己对孩子付出极大的耐心，应该会让孩子顺理成章地成长为优秀的人。没错，有些孩子的确从小就功课特别棒 是大人口中的小天才。但是说到其他事情，基本上不能自理。

这种例子太多了！有许多天才儿童，进入大学后发现自己是个生活白痴，什么都不懂。除了学习成绩好，一事无成。离开了父母的照顾，他们的生活一团糟。甚至有的人会带着父母去上学，因为他们需要照顾。可这种照顾，什么时候才能到头呢？不少人都看过这种新闻，之后就会批判孩子的独立性。可是，不管你承不承认，问题就出现在父母这里。

在这一点上，人类有必要向动物学习。有一个鸟妈妈，孵化了几只鸟宝宝，一家人生活在温暖的窝里。宝宝们过于弱小，就连羽毛都还没长出来，只会"唧唧"地叫着。鸟妈妈每天来回飞好几次，外出觅食。她每次叼来很少的食物，一次只能喂一个孩子，然后立马飞出去寻找另外的食物再喂其他的孩子。

就这样，鸟宝宝在妈妈的哺育下，一天天长大。眼看它们羽毛丰满，眼睛明亮，已经可以自己出去觅食了。在一个天气晴朗明媚的早晨，鸟妈妈唤醒自己的孩子，教它们捕食的技能，然后让它们全都飞出去，独立生活。

眼看自己的鸟宝宝都快乐地飞出去了，可鸟窝里怎么还有一只鸟呢？原来，那是最胆小的鸟宝宝。它害怕外面的世界，更不愿意离开妈妈的怀抱。它用哀求的眼神看向妈妈，希望能获得不同的待遇。可鸟妈妈做了件事，让所有人都大吃一惊。它用鼓励的眼神看着自己的孩子，然后用翅膀把鸟宝宝赶出了鸟窝。

最后那只小鸟扑棱棱地飞了出去，因为没有了后路。它知道，自己以后必须管好自己，妈妈已经放手。它必须在这大千世界里找到属于自己的天空，成为一只坚强的小鸟，不辜负妈妈的"决绝"。

没有人能陪着孩子走完全程，所以父母纵使百般不舍，还是得说服自己。有句歌词非常经典："有一种爱叫作放手。"就说出了这个道理。父母对孩子的爱，深沉而又伟大，父母竭尽所能想要呵护孩子，却不知道该在哪一刻放手。然而越是犹豫，越会推迟孩子独立的时间。走着走着，孩子的依赖性就变强，导致父母想放手，孩子也不愿意接受。最终，父母被埋怨是小事情，孩子没有独立管理能力，才是大麻烦！

浩浩1岁的时候，有这一段语言爆发期。他试着喊出"爸爸""妈妈"，也经常会说些大人听不懂的话语。爸爸妈妈疼爱他，每当看见自己的宝贝儿子，因为说不清楚话而着急大哭的时候，都会跟着着急。后来，浩浩想要什么东西，爸爸妈妈就不断地猜，只让孩子点头或者摇头。结果错过了语言爆发期，直到快3岁了，浩浩还是不愿意开"金口"，这可把爸爸妈妈急坏了。

浩浩的父母去找育儿专家，得到了一个答案：父母帮助孩子说出内心话，导致孩子不去主动模仿，对语言失去了兴趣，对父母的依赖性更强。矫正还不晚，一定要给孩子更多的机会去表达。

后来，浩浩跟着爸妈出去玩，渐渐地得不到"帮助"了。想要跟小朋友一起玩？要自己去叫"哥哥""姐姐"。想吃带出来的苹果，妈妈假装不知道他想要什么，让他自己思考之后，说出食物的名字，这时，妈妈才"恍然大悟"，给他递过来。本来就是一个聪明伶俐的孩子，没多久，他就变成了一个"小话痨"。

别以为爱就是无微不至地照顾，适当地放手，换来的是孩子一步步的成长。在成长中，孩子才能提升自己，用一颗强大的心面对这个世界。父母可以做孩子物质的靠山、精神的慰藉、受伤后的港湾，却唯独不能做孩子一辈子的指挥者。

龙应台曾经在《目送》中这么说："所谓父女母子一场，只不过意味着，你和他的缘分就是今生今世不断地在目送他的背影渐行渐远。你站立在小路的这一端，看着他逐渐消失在小路转弯的地方，而且，他用背影默默告诉你，不必追。"独立又乐观，是我们对孩子的期望，可是如何培养，很多家长却不知道秘诀。

宁宁上小学的时候，妈妈给他生了个妹妹。兄妹俩年龄相差非常大，妈妈异常辛苦。一边是嗷嗷待哺的小婴儿，一边是刚上一年级的大儿子，爸爸经常出差，完全帮不上忙。就这样，妈妈开始放手了。

"儿子，赶紧洗脸刷牙，自己的衣服搭配好、作业检查好，我要帮妹妹换完尿不湿才能送你上学。"

"作业你先动脑筋想一想，妈妈把妹妹哄睡着再来给你检查。如果可以的话，你先检查一遍，改正错误之后我再来。"

"大宝贝，昨天老师说你的鞋子和袜子都很脏，你自己先泡起来，我一会儿教你刷鞋吧。"

……

一开始，宁宁很不开心。这些事情，以前都是妈妈帮他做，自己就负责玩。如今他却要自己做这做那。不过，没有办法，妈妈的确太忙了。有时候给他检查作业的时候，都会打瞌睡。

慢慢地，妈妈习惯了交代事情让宁宁自己做。宁宁发现了一个好玩的事：他学会了好多东西，自己完全能管好自己的学习和生活。学习上，他越来越细心，因为他在家里早已经养成检查的习惯；生活中，他知道了洗衣机与天然气灶如何使用，煮面条和煎鸡蛋这种事情也难不住他。偶尔周末的早晨，他还能给妈妈做个"惊喜早餐"。

现在的他，已经快上初中了，看起来成熟懂事，把自己的生活安排得井井有条。妹妹也长大了，跟着哥哥学了不少东西。他们的妈妈不再为自己的过早放手而感到后悔，反而庆幸这种生活培养了一个独立的孩子。看着两个坚强的孩子，她庆幸自己的选择。

没错，宁宁妈妈的放手看似是不得已，其实符合我们的教育原则。大包大揽的教育方式早就已经过时，现在的父母真的要学会放手，多给孩子锻炼的机会，让他们摸索成长的悲与喜。

　　或许第一次放手，孩子会摔得很重，你的眼里会闪出心疼的泪花。但千万别因此给孩子重新套上紧箍咒。给予鼓励的眼神与微笑，看孩子爬起、奔跑。于是在渐行渐远的路上，孩子才会收获不一样的成长，飞得又高又快。而你在这头，笑容是如此欣慰。

从现在起，还给孩子自己做决定的权利

　　每年高考成绩出来之后，都是"几家欢乐几家愁"。有些家庭，是因为高考分数不够理想而发愁；还有些家庭，在报高考志愿时，孩子与父母意见不统一，也会闹得非常不愉快。比如，父母想送孩子学医，而孩子偏偏喜欢学考古；有人想到离家很远的大城市去闯荡，而父母却极力劝孩子留在当地的大学……于是，一场场"辩论"开始讨论孩子的未来与去向。

　　很多时候父母都会自诩走过的路比孩子吃过的盐还要多，他们谈起人生和经验，的确是把孩子给震慑住了。而没有主见的孩子，在有立场的父母面前，失去了本该拥有的战斗力，以及自己的权利。于是在父母的"指导"下，孩子步入自己并不向往的大学，读了一个自己并不感兴趣的专业。最后等待他们的，是迷茫与无趣的四年。

　　也许有人觉得这么说太绝对，难道父母的决定是错的吗？父母这么做是用心良苦，全心全意为了孩子的未来，避免他们走上一条弯路。这也是我们要说的关键

点，这个决定，真的应该由父母来做吗？孩子的事情，更需要他们自己的考量，多番对比与思考之后，最终立该是由孩子自己来决定！

父母在孩子的心中，角色非常多。他们既是父母，也是朋友，还是心灵导师，以及生活顾问……每个人从生下来的那一刻，首先看到的是爸爸妈妈，在以后的岁月里，两代人在一起生活相处，会培养出无可替代的亲情。也正因为如此，孩子对父母产生了极大的信任，习惯在做决定前询问父母的意见。而到了父母这里，则变成大包大揽，直接告诉孩子应该做什么样的决定。整个过程中，父母看似是替孩子做对了一道人生的选择题，可这样的行为实际上是越俎代庖。

北大推出了一个宣传片叫《星空日记》，讲述的是一个孩子"摘星星"的故事。主人公何晓东从小就喜欢仰望星空，心里一直有个摘星星的梦想。但是，周围的人都嘲笑他，认为他是痴心妄想。终于，他等到了18岁这一年，他考了足够高的分数成功拿到北大的通知书！

可是当他跟父亲说出"我要读天文学"的时候，迎来的却是父亲的斥责。最后，他填报了经济学专业，就这样，他来到了北大，读了父亲希望他学的专业，这个专业将来毕业好找工作，他再好好赚钱。这是父亲的期许，用心为他规划的道路。

可是，何晓东在一次偶然的机会去旁听了天文学课程，唤醒了他尘封许久的星星梦，从此就这么一发不可收拾。他的热爱写在了脸上，也写在眼睛里。天文学的老教授注意到了他，并鼓励他把这个梦做下去！

于是，他成了修"双学位"的人，一份为了生活，另一份是为了梦想。终于到了毕业的时候，他又面对着一道选择题。是走入社会签约好工作，还是继续念天文学呢？如果父亲还能替他做决定，想必他会被推进第一条选择里，心存不甘却毫不犹豫地走下去。但是这次，他有自己选择的权利了！几番挣扎，面对梦想和现实，他终于实现了自己摘星星的梦想！

这部影片，看似讲的是北大包容的精神，实际也是在说父母的教育。这位父亲，否定了孩子的梦想，剥夺了孩子自己做决定的权利。这看似是为孩子好，却让主人公兜兜转转多走了许多弯路才回到了最初追求梦想的地方。好在一切都还不晚。可是我无法想象，如果这时候父亲再次跳出来替孩子做决定，签约大银行，去工作、去赚钱，那么主人公这一生是不是就失去了追逐梦想的机会。

艺术来源于生活，又高于生活。影片中，父亲果断让孩子改志愿的画面，是那么的熟悉。据我所知，现在好多高校都是可以调换专业的。不管孩子做出了什么样的决定，他都处在摸索的过程。如果读了一段时间，发现自己极度不适合某个专业，是有回头的机会。所以父母们不必害怕。从现在起，把做决定的权利还给孩子吧，这是尊重，亦是支持。不少家长担心孩子会做出错误的决定，从而造成无法挽回的后果。可没人天生会走对每一步，孩子和家长都是一样的。我们信任自己的孩子，是把决定权还给他们的一个大前提。如果对孩子的各方面能力都信不过，又怎会对他们的决定有信心？

高考仅仅是我举的一个例子。就是为了让读者看清，让孩子自己决定做什么，怎么做，是需要从小培养的。从一件很小的事情开始，培养他们分析事物的能力。一旦他们有了思考的经历，就能在不经意中，培养出一系列的思维能力。

有人会纠结时间节点的问题，他们会问："什么时候能让孩子自己做决定？5岁？10岁？还是要一直等到他们成年？"事实上，答案是从小时培养，从小事培养，放手的时间越早，孩子才能进入自主自动的成长过程，从而能做出明智的选择。

孩子小的时候，会跟爸爸妈妈要礼物。究竟要什么礼物呢？是孩子说了算？还是家长替孩子选？我曾经在商场看到过一对母女，听到了这样的一番对话：

"妈妈，我想要这个娃娃。"

"宝贝，咱们不要这个，家里已经有一堆娃娃了，妈妈给你买个机器人，可以编程的那种。"

"我不喜欢编程机器人，我就想玩芭比娃娃。"

"芭比娃娃有什么用？编程还能开发大脑，就要机器人！"

孩子最后没有买到想要的芭比，不知道妈妈替她选的那个玩具，她是否会喜欢？她离开的时候，我并没看到她有收到礼物时的开心反应。反而是妈妈一直在旁边念叨："你懂什么，什么玩具也不会选，我给你选的这个多好！"

就是这样简单的一个插曲，却让我们反思良多。玩具是买给孩子玩的，家长可以告诉孩子可以买或者不可以买，理由是什么。却不能替孩子决定要玩什么，必须玩什么。其实那个女儿已经做出了自己的决定，但是被妈妈拒绝了她的要求，擅自为孩子选了一款"为你好"的玩具。这种教育和陪伴，浪费再多时间和金钱，也是失败的。

如果你的孩子，并没有果断的决策力，家长也不应该收回他们做决定的权利。这个时候，为孩子缩小选择范围，讲解优劣，启发孩子转动自己的小脑筋，最终孩子会给出自己的答案的。

教育就是这么"麻烦"的一件事，它需要极大的耐心，也需要丰富的策略。每个孩子都有一个空空的杯子，往里面装什么，需要孩子自己去挑选才能真正地丰富自己的人生。即便父母精挑细选出最美的东西，也只能问问孩子："你喜欢吗？需要吗？"而不是擅自就塞满孩子的空杯。

　　从现在开始，还给孩子自己做决定的权利，就是做父母对他们最大的尊重、最暖的陪伴。

尊重孩子的内心，做他坚实的后盾

　　我们在许多场合都能看到自信表现的孩子，也常常被他们落落大方的气质所吸引。这时我们就会心生羡慕，会不自觉地联想到自己的孩子，何时才能把他们也培养出有闪光点呢？并非没有努力过，而孩子却始终不听指挥。面对父母的苦口婆心，他们或表现为难，或兴趣寡然，归根结底，他们就是不愿意按照父母规划的路线走下去。

　　孩子是懒惰吗？是不求上进吗？不是，每个孩子都有自己擅长的东西，所以他们才不会接受别人的建议，改变自己内心的喜好。或许他们只是喜欢安静地阅读，父母却强行让他去学表演。一个内向的孩子，每一次在公众面前的表演，对他来说都是一次酷刑，他又怎会轻易改变自己内心的追求呢？

　　爱与包容，不仅适合用在恋人之间，更适合用在家庭教育中。孩子只会是孩子，他们跟父母的关系，这一生都无法改变。但这并不意味着，所有的事情都要听从父母的安排，有主见的孩子会在每个成长阶段，萌生出不同的想法。所以，既然我们要给孩子自由与信任，那么就要从台前转到幕后，完成自己角色上的转变。学会尊重孩子，学会支持并鼓励他的选择。

但同时，放手不意味着冷眼旁观，任由孩子撞到南墙头破血流，也无动于衷。这种做法绝对不能有，因为我们要做孩子最坚实的后盾。家庭就是这样特殊的组织，家庭成员之间既有独立的空间，也要做到相互鼓励与打气。孩子是幼小的成长个体，他们在成长路上缺乏经验，势必会尝到各种苦头。也许是挫折，也许是酸楚，孩子的眼泪与沉默，是不是让您的心里隐隐作痛呢？别犹豫了，张开接纳的双手，给孩子一个可以发泄的怀抱，发挥为人父母最重要的作用。

当年的"快乐男声"海选，不知道大家还记不记得？最后胜出的十个男生，会吃住在一起，为了蜕变和升华，做出努力。当时有个男生叫华晨宇，现在已经是一位大明星。别看他现在成熟、幽默，在那时候，他却是个固执的男孩。

因为父母在他很小的时候就离婚了，他虽然跟着父亲生活，但是，只要是他想做的事，父亲就给他自由，很少去插手。而当孩子闯了祸，或者受到惩罚与挫折的时候，父亲却会及时出现在他面前。

就像最后的争霸赛，华晨宇为了冠军在台上拼搏。他认为自己是一个人在战斗，却不知父亲站在台下，替他紧张，为他担心。直到他成功拿到冠军的奖杯，紧张的气氛转变成激动和开心，一向高冷的父亲站在人群中，露出欣慰、自豪的表情。

不知道华晨宇最终有没有察觉，在他披荆斩棘蜕变成男人的时候，父亲从未远离他。他支持了儿子的决定，也目睹了儿子的成功。倘若儿子最后没有夺冠，父亲也会是他内心坚实的后盾。

孩子的成功或者失败，在父母的心里并没有那么重要。最重要的是，自己的孩子是否足够的快乐。在之后的采访，华晨宇说到，如果有一天他也有了孩子，他也会学父亲的教育方式，去教育自己的孩子。放手让孩子去闯荡，可当孩子闯出一堆的麻烦，他还是会站出来告诉孩子：不用担心，我来处理。

尊重孩子的选择，其实远比说教更能让孩子有独立的担当。父母不是孩子的质检员，当孩子做出或大或小的决定，父母都去仔细查验后，然后再告诉孩子对错。父母应该学会尊重，变相地促进孩子的成长。把选择的权利交给孩子，孩子尝试过，他们才真正懂得自己将要放下什么。

我们不主张剥夺孩子成长的权利，他们的决定就是一个个脚印，不管晴雨，不论深浅，父母只需要在一旁看着、望着，做一个合格的路人。当孩子深陷泥潭，请毫不犹豫地伸出你有力的臂弯，用行动告诉孩子：别怕，我一直都在你的身后。

生命力顽强的野草、野花，恣意释放出自己的活力与热情。我们羡慕它们的勇气与坚持，更想赞美它们的无惧无畏。别让孩子成为温室里的花朵，尊重他们内心的选择。同时告诉他们：不管他们选择的是乌云密布还是万丈晴空，父母都在他们一回头就能看见的地方。

陪伴第七阶：不吼不叫，正面管教，尊重孩子的成长规律

　　父母掌控好情绪，才能成就孩子的未来。可似乎并不是所有父母都明白这个道理，在陪伴孩子的过程中，很多父母往往习惯命令、吼叫、责骂、训斥，甚至是迁怒孩子。他们觉得这很正常且没什么大不了，殊不知，这都是毁掉孩子的"利器"。

高质量教养，首先要把脾气调到手动挡

要说学车，真是历经坎坷。挨训的次数特别多，一半是因为离合控制不好，另一半则是挂挡有问题。即便如此，当我们顺利考完之后，再回头看看曾经学过的东西，就会发现，学车的乐趣也在于此。

当我们第一次看到刚出生的生命，那种激动的心情难以用语言表达。他们那么弱小，需要我们的呵护才能顺利长大。所以，大人心里最柔软的那块地方，就是为孩子而预留的。孩子的成长过程，其实就是打怪升级的过程。最初，他们只懂吃喝睡，只要父母抱着，很快能安然入睡。但是两三岁的时候，孩子就进入我们所说的叛逆时期。这时候，他们从小天使变成了小恶魔，开始争取自己的权利，表达自己的欲望，一步步地试探大人的底线。可孩子不是突然学坏，而是成长过程中必须经历的一个时期。你以为这就完了？我们还要面对孩子的青春期，青春期的叛逆更是难以招架。

当我们看着乖巧的孩子，开始调皮捣乱，又或者是蛮不讲理，内心总是有一股无明火要爆发出来。对孩子发脾气，只会让自己越来越火大，就像我们开车时的自动挡，不知不觉就帮你"升级"了。咆哮几乎要耗尽自己的真气，而孩子更是被父母给吓到了。结果，自己大动肝火，孩子哭哭啼啼，场面绝对是乱七八糟。

本该是美好的亲子时间，却因为一点点小事，被满腔怒火破坏。细细想来，真的非常不值。不仅孩子被责骂委屈难受，家长也会因为大动肝火而感到不适。这难得的亲子时光，回忆起来也没那么美好了。

当发生这样的事情后，不少家长都忙着向孩子检讨"妈妈以后再也不训你了""爸爸打你是不对的，以后爸爸绝对不会打你"……但下一次孩子犯错的时候，上面的场景又会重演，甚至是变本加厉。到底是孩子不懂事？还是父母的脾气大呢？有人用这两个理由为自己辩解，我认为这个根本不重要。重要的是，孩子的感受。

孩子犯错是正常现象，可如果每次犯错都会引起家长的暴怒，甚至因为一件小事就会升级语言暴力，对孩子的不良影响只多不少。首先，不管是多大的孩子，他们都是有强烈的自尊心的。人前人后，孩子即便是犯了错，他们也不愿意低头认错，就是因为自尊心的存在。父母因为小事，对孩子进行劈头盖脸地打击，毫无意外会激起孩子的逆反心理。结果就是，你脾气升级、怒不可遏，孩子不愿意看你的"脸色"，反叛升级。

如此一来，自觉没有"面子"的孩子，会学会逃避而非认错，选择沉默以示抗议。长此以往，父母跟孩子的关系会越发紧张，严重的会使孩子的性格变得孤僻。

一棵小树被风吹歪了，就不愿意再回过身来面对风雨，以后的成长轨迹谁也无法预料。亲子关系恶化，是很难再弥补的。而发生这一切的原因，我们追根求源，其实就是因为一次次的低质量陪伴所造成的。

身边有个全职妈妈小柔，生孩子之前她是一名心理辅导师，专门在学校疏导孩子的心理。怀孕生子之后，没有人帮忙看孩子，她只能辞去工作，全身心地投入到照顾孩子的生活中去。周围的人知道她的职业，都表示羡慕她："你做这个行业，肯定不会对孩子发火，你会跟你的名字一样，是位温柔的妈妈。"

温柔的妈妈？小柔不禁笑了一下，这个称号听起来的确不错。孩子还小的时候，小柔的确做到了零发火的状态。因为小小的人儿可爱极了，笑起来如天使一般。新手妈妈面对新生儿，即便是累困交加，依然可以做到母爱爆棚！

孩子一两岁的时候，是个小话痨。经常能惹得她哈哈大笑，再对着孩子亲上几口。

可当孩子三四岁的时候，学会了对事情说"不"！让他吃饭、洗手、穿衣，他每次的回答都是一样的。每次他洗头要哭、洗澡要哭，跟小朋友玩随时会发生矛盾。曾经那个爱笑的孩子，如今变成了小哭包。

最初，小柔还有耐心去开导孩子，试图说服他，改掉他倔强多刺的性格。但多次尝试之后，她发现完全没有用。终于有一天，她爆发了！孩子不吃饭，却迷上了零食。吃正餐的时候，为了让孩子乖乖吃饭，她违背了自己坚决不追喂的原则。满怀耐心地端着饭菜喂他，他却一个劲儿地摇头。再坚持一会儿，就说自己吃饱了，闭嘴不吃。

等到小柔洗完碗，儿子跑过来，理直气壮地提要求："我要吃饼干！吃饼干！

吃饼干！"看着儿子又蹦又跳，蛮不讲理的样子，小柔的火噌地一下上来了。

"吃什么饼干！"

"刚才让你吃饭你不吃，想吃饼干？没门儿！"

"谁家孩子像你一样，天天就知道吃零食，不吃饭怎么能行？"

"哭，赶紧哭，每天就知道哭哭哭，也不知道你有什么好哭的！哭吧，没人管你！"

……

孩子第一次看见妈妈发这么大的火，既害怕又委屈，随即号啕大哭。小柔觉得自己没办法再跟儿子待在一个屋里，否则她真的会原地爆炸。于是她走到另一间屋子，把门关上，想冷静一下。

谁知孩子看到妈妈走到另一个屋里，还关上了门，他瞬间就崩溃了！他在外面无助地大喊道："妈妈！开门！妈妈，你不要我了！"正在屋里冷静的小柔，听到儿子撕心裂肺地哭喊，一下子就打开了门，冲到儿子的面前把他抱起来！母子俩抱头痛哭。

那天午睡的时候，小柔看着自己的孩子久久不能平静，内心充满了愧疚。等到晚上老公下班回家，小柔向他讲述了白天发生的事情，并做了个深刻地自我检讨："我不该对孩子发脾气，都把孩子给伤着了。要是因为这事儿让孩子变得没有安全感，那可就太不值了。"

老公不以为然地摇摇头："你可以发脾气，因为孩子在试探你的底线，他会不断地挑战你的极限。适当地发脾气，对他也是一种警示。可是你要注意，不要放任自己的火气越来越大，这样不仅会吓着孩子，对你的情绪也是种伤害。"

　　所以，想要好好地陪伴孩子，实施高质量的教养，家长需要做的第一步，便是把自己的脾气调到手动挡。说白了，就是要有掌控自己脾气的能力。合理掌握发脾气的"火候"，别被坏脾气牵着鼻子走，避免一不小心就从手动挡变成了自动挡。当脾气开始上路飙车，再想踩刹车，或者按下暂停键，根本就是难上加难！

孩子贪玩不是毛病，不要压制他的天性

我们这一代人在成长过程中，总是在跟邻居家的孩子赛跑。比身高、比礼貌、比成绩……不少人表示，这种对比经历打压了我们的积极性，是一段不愿回首的经历。所以，当我们成为家长，希望自己的孩子拥有独立乐观的性格，发挥自己的特长，这就足够了。因为我们知道，就算是一片麦田里的麦子，也没有完全一样的麦穗。在我们心里，只要有特长，同样是优秀的表现。

可是没多久，我们发现孩子的毛病越来越多，不爱干净、不爱动脑。他们各有各的理由，有时我们竟然无法反驳。不过总体来说，这些小毛病还是能接受的。因为随着时间的推移，孩子的坏习惯可以一点点纠正，不会影响小树苗长成参天大树。每个年龄段碰到的问题都不一样，家长们也无须过于计较。

其实在家长的眼里，贪玩是孩子最难改掉的缺点。只要他们对某个事物感兴趣，恨不得24小时都可以玩。可是一提到学习，孩子总是给出各种理由拒绝。即便是家长在一旁盯着催促，效果也特别差。这种现象是常见的，就算是父母地碎碎念，也无法改变孩子爱玩的心。

今天要纠正大家一个误区：贪玩不是缺点，而是孩子的天性。所以千万不要压制，而是要学着正面引导。试想一下，谁不是从小玩到大的呢？孩子在幼龄阶段，还没开始学会玩。他们会在父母的陪伴下，从观看、试探到发现其中的乐趣，这才知道什么是玩耍。

年龄小的孩子，喜欢玩水和土。他们会把自己弄湿，也会玩得满脸都是泥土，把自己弄得脏兮兮的。看到他们开心的笑脸，满足的表情，却总会被人定义为贪玩。大人们不懂孩子的需求，不懂玩耍的意义所在，不懂孩子的天性是什么。纵使玩耍是每个人成长的第一步，却不明白玩心也需要持之以恒，保持这份童真与好奇心。

词典上对于天性的解释是这样的："天性指人先天具有的品质或性情。"表面意思不难理解，人从生下来需要玩，这是生而为人的秉性。当孩子对玩这件事非常投入时，变成了大人嘴里的贪玩，其实对孩子是不公平的。岁月让人们成长，丰富了大家的物质生活，却在不知不觉中，丢掉了最原始的本真。社会属性和自我属性，可以并驾齐驱，却在人们的误解中，一定要分出对错和胜负。玩是自我的属性，这份可爱的天性，完全可以跟随着你我，由小及老，过一个与众不同的人生。

社会进步到今天的状态，我们已经分不清必须做什么，必须舍弃什么，才能跟得上社会的步伐。谁不希望自己的孩子快快乐乐的呢？可父母不喜欢孩子贪玩的原因，简单却又现实：有那么多玩的时间，用来学习多好。看别人都在争分夺秒的上进，你却做这些没有意义的事情。以后拿什么来跟人竞争呢？父母的这种担心，出发点毋庸置疑，一切都是为了孩子好。

于是，我们见过不少父母，一方面培养孩子"有用"的特长，另一方面又逼迫孩子丢掉最喜欢"玩"的东西。什么是有用的呢？能够拿出来炫耀的技能，或者能帮助孩子增加资本的砝码，比如，英语、钢琴、舞蹈、书法……可孩子喜欢的标本采集、足球、象棋……被家长嫌弃无用，成为被打击的对象，被冠上"贪玩"的名号。这样不公平的待遇，听起来多么功利。

从另一个角度来看，孩子贪玩并没有坏处，它能证明孩子的专注力。每个人的爱好都不一样，有人喜欢看书，有人喜欢踢球，还有人喜欢做手工。我们玩的东西，往往会成为一生的最爱。我们不鼓励孩子沉迷于网络游戏，更不希望孩子误入歧途。在孩子观望和选择"玩"的方向时，需要大人加以指点，加以引导，而不是压制孩子贪玩的心。

说一个我非常喜欢的人物吧，尽管他是虚构的，可他的生活态度却让许多人羡慕不已。金庸先生写的武侠小说里，有个可爱的老头儿，名字叫周伯通。他还有一个称号，证明他在武林中的地位，东邪、西狂、南僧、北侠、中顽童，这是当时武林公认的新五绝，中顽童说的正是周伯通。从他的封号来看，就知道其中的寓意。他就是一个爱玩的老头儿。

其实我对周伯通的了解并不深，仅仅是从书中的某些描写判断，就领会到了这个人物的可爱之处。他一生拥有童心，喜欢玩、喜欢逗，很少会有烦心的事儿。他的武功非常高，但并非是因为师父逼迫所学，而是因为觉得好玩。

还记得他跟小龙女相处的那段时间里，发现了许多有趣的事情，使他玩心大发。小龙女能平稳地睡在绳子上，他也扯了根绳子，摔下来许多次也不放弃。小龙女会养玉蜂，酿蜂蜜，他也跟着学这套技能，虽然吃了不少苦头。他跟最爱的人，在山下养蜜蜂，谈天说地话人生。

尽管金庸笔下武功高强的人有太多太多，但没有人像周伯通一样，活得通透而又随性。没人打压他的天性，也没人阻拦他去做有趣的事情。他不愿意在道观里待着，就四处走江湖，好玩的都要去凑个热闹，一生经历了无数自己喜欢的事情，丰富了他的人生，这是谁也比不上的。

所以我羡慕这个可爱的老顽童，悟性高烦忧少，不正是我们期待孩子所变成的样子吗？

喜欢玩机器装配的莱特兄弟，两个人就是对飞行有浓厚的兴趣，每天都沉迷玩飞行机器的过程中，最终发明了飞机。

达尔文与别人不一样，他从小喜欢观察昆虫、植物、石头这些东西，并把这个爱好坚持到成年。最后，他创立了进化论，还出版了一本书，这就是后来名满世界的《物种起源》。

鲁班是古代著名的木匠，班门弄斧的"班"说的就是他。在手工的历史中，他是一位神一般存在的人物。因为他喜欢玩木头，切割、测量、组合，玩着玩着，就推动了人类木匠的巨大发展。

如果要举例子的话，古今中外喜欢玩并且玩出名堂的人，真的数不胜数。大胆设想一下，如果他们的父母否定了他们的爱好，批判他们贪玩的毛病，没收所有跟玩有关的事物，那么人类还能发展到今天这一步吗？

在我看来，玩和学是相互依存、相互转化的。贪玩的人，往往也好学，只有身上有研究和拼搏的精神，才能玩出花样。对于没有意义地玩耍，用不了多长时间，孩子自己就失去了兴趣，父母也无须大动肝火地去压制。当他长大了，问我他是否贪玩，是否调皮，我想骄傲地告诉他："这就是最本真的人生。"

别总要求孩子乖

对于小孩，我们总想给他们贴上标签。就像成人的世界有好人和坏人，在孩子的世界里，通常大人们会把他们简单分成两类人：听话的和不听话的。听话的孩子，在家长的眼里，是乖巧省心的。而不听话的孩子，被批评成调皮、淘气，总是给大人惹麻烦。

这种划分不是现在才有的标准，而是由来已久。我们祖祖辈辈的教育观，就是如此，所以对现在的家庭教育影响依旧很大。总之，他们都希望自己的小孩乖乖听话。

在生活中，孩子表现成什么样子，才叫听话呢？所有事情都听大人的，从来不反抗，只有接受和执行。这样的孩子，我们身边有许多。他们看起来既是一群人，又像一个人。不管走到哪里，都安静地跟在父母身旁，既不去玩也不吵闹。看着别的小朋友打打闹闹，他们眼睛里有羡慕的神色，却融入不进去。小声地说话表达自己的要求，即便被父母否决，也只是默不作声。

　　这样的孩子带出去，通常都会得到大人的夸赞："这孩子真乖。"是啊，孩子真乖，让做什么就做什么。每当我看到这样的孩子，内心总会隐隐作痛，为孩子压抑的情绪心痛，也为他们的未来担心。有研究表明，大多数特别听话的孩子，长大之后没有主见，甚至独立性非常差。也许他们学习成绩优秀，但在人际交往上，在以后的工作中，不可避免地碰壁。

　　朋友家有两个孩子，一个哥哥和一个妹妹。哥哥从小就特别文静，性格沉稳，是父母眼中的乖孩子。父母工作忙起来，就带着他去上班，把他往办公桌前一放，他自己在那里就可以待一上午。除了喝水、上厕所，几乎不去打扰父母工作。有同事看到他的表现，都情不自禁地夸他："这孩子真乖、真懂事。"哥哥明白那是大人的夸奖，再看看父母赞同地点头，让他越来越习惯听话的生活。

　　后来妹妹出生了，父母的生活重心开始转移，一边忙工作、一边照顾孩子。没多久他们就发现，妹妹的性格跟哥哥完全不一样，这个孩子也太不乖了！让她吃，她偏不吃，宁愿喝水；让她安静一点，她却要大吵大闹，释放自己的精力。父母无奈地说："你怎么这么不乖，看看哥哥多听话，你这长大了能有什么出息。"

　　哥哥上小学了，妹妹也上幼儿园了。周末，爸妈带他们出去玩，路过一个卖冰激凌的摊铺，妹妹停下来说："我要吃冰激凌，天太热了。"其实那天气温刚好，并没有那么热。妈妈反驳道："吃什么冰激凌，一点都不热，你看看满大街的孩子，谁吃冰激凌了？一个都没有！哥哥也没嫌热，要吃这个吃那个，就你事儿多！"随即，妈妈又问哥哥："你想吃冰激凌吗？"

　　小孩子对又凉又甜的东西，几乎是没有什么抵抗力的。哥哥本来特别想吃，可听完妈妈刚才的话，他又犹豫了："妈妈，我不热，我不吃。"话音未落，妈妈就继续开始训妹妹："你看看，哥哥多乖，就你不听话。"可妹妹才不管，她一定要争取到自己的权利。几番哀求撒娇，求完爸爸求妈妈。最终，妈妈还是给她买了一支。妈妈再次问哥哥："真的不想吃吗？"他犹豫地摇了摇头，轻轻地说出："我不要。"孩子失落的模样，做父母的没有看到。他们只会教训妹妹向哥哥学习，要做个听话的孩子。而那一天，哥哥看着妹妹手里的冰激凌，内心难过得像是什么东西被融化了。为了被夸一句"听话"，他压抑了孩子的天性，失去了作为孩子应有的权利和快乐。

在家里，他听父母的话，在学校，他听老师的话。他是所有人眼中"听话的孩子"，但他却不是优秀的学生。认真地记笔记，用心地做功课，没有换来好成绩，他只是班里那个中游的孩子。他没有热爱的活动，也没有要好的朋友，因为他不知道如何表达自己的情感，从小到大都被压抑的太久了。他不知道怎样打开自己的心门，放飞自己的奇思妙想？他错过了这个过程，也就失去了本该拥有的创造力。

这样的孩子，你让他如何成功，如何像星星般闪耀，如何华丽蜕变，从"乖孩子"升级成"有出息"的人？

不知道成人们能否想起，在他很小的时候，也曾哭闹着想要一个大家都有的玩具。而父母却一遍遍地告诉他："乖，你不要，那个玩具不好，我们宝贝最听话了。""听话"这个词，真的是褒义词吗？它让一个幼小的孩子，为了"乖"这个赞美，压抑住了内心的渴望。这种教育，实在是太可怕了。

从小很乖的孩子，不是因为性格文静内向，更不是因为他们是佛系小孩，从小就无欲无求。而是因为父母无意地打压，压在了他们的心里，成为习惯性地沉默。当他们长大之后，心理自然会因为长期的压抑，爆发诸多的心理问题。

他们不敢当众演讲，甚至当众说话都会感觉双腿发抖，因为他们不自信，害怕被大家否定甚至笑话；他们不敢追求自己喜欢的人，害怕表达内心真实想法的时候，还没说出口就被别人拒绝，那对他们来说，是无法承受的痛楚；团队合作里，他们只能做一个被分配工作的员工，领导的位子与他们无缘，习惯了听话的人，不知道从哪里找到主导的突破口。

这么看起来，我们已经能概括他们的一生。人际关系、感情生活、工作能力，都不符合成功人士的标准。父母看到孩子非但没有成功，反而还有点"窝囊"，是不是会发出这样的感叹："看你小时候那么乖，长大没我们盯着，干啥都不行了吧。"

可是我想说，是谁把本来可以成功的孩子，一把推向了平庸的道路，父母的责任大过一切。我们孕育一个生命，认定他/她是这个世界上最特别的存在，就应该全力呵护他们的灵性，而不是用简单的语言暴力，改变孩子的命运。养孩子不是养宠物，动物需要驯服，人类需要的是教育。

长辈们总是希望培养出乖巧听话的孩子，按照他们给出的方向，走完一个复制粘贴的人生。这种经验主义的做法，早就被批判了无数次。孩子的未来，需要他们自己去闯荡，而不是任由有"经验"的人们指手画脚。

身为父母，我们的陪伴不是压制，而是疏导。孩子会钻牛角尖，也会垂头丧气，这时候我们的鼓励和安慰，永远比要求他们听话要重要得多。

他们需要表达、需要时间、需要闯荡、需要验证，他们是我们最"不乖"的小孩，却是最真实有未来的小孩。

孩子的问题很奇葩，但你要学会回答

"妈妈，我是从哪里来的呢？"

"孩子，你是妈妈从垃圾箱里捡的呀。"

"啊，那我不是你亲生的啊，呜呜呜……"

"傻孩子，妈妈是骗你的，你怎么还当真了呢？"

孩子的天性天真无邪，对这个世界充满好奇心，所以小脑袋里有不少问题呢。每当他们遇到理解不了的事情，就开始一连串的发问，而父母作为第一陪伴者，自然要为孩子解疑答惑。有的问题很好回答，而有的问题却非常奇葩，但我们要学会回答，才能真正满足孩子的需求。也许，正是因为孩子的问题太多，世界上才有了各种版本的《十万个为什么》。书里能解释给孩子的，我们自然是省心又放心。但书里没有答案的问题，我们也要做好充分的准备。

孩子关心自己是从哪里来的，其实并不算非常奇葩。我之所以要列举这个例子，是因为这几乎是所有父母都要经历的问题。我们小时候也问过父母类似的问题，得到的答案几乎差不多，"垃圾箱里捡的""火车站里抱来的""买东西赠的"……

五花八门的回答，却并不是好的答案。听到这样的回复，不信的孩子会更加疑惑，信了的孩子则会被打击到自尊心。所以当我们长大之后，接触到越来越多的育儿知识，也紧盯着育儿专家的最新言论。终于，我们学会了用科学的方法来回答孩子的问题。

孩子究竟是怎么来的呢？买一本经典绘本，比如《小威向前冲》，告诉孩子："他本来是一个种子，从爸爸的身体里，游到了妈妈的身体里。最后，他在妈妈的肚子里慢慢发芽长大，十个月后，他就从妈妈的肚子里出来了。"这就是孩子想要的答案，不敷衍、不杜撰。用有趣的方式为孩子解开疑惑的谜团，也为孩子做了正确的知识积累。

这只是一个很小的例子，并不算非常奇葩的问题。那么除此之外，家长们还会被问到什么样的问题呢？那就要看孩子究竟属于哪种思考的类型。"为什么人有两条腿，狗狗有四条腿？""为什么会下雨呢？""为什么男生与女生的厕所要分开？"……其实大人觉得自然存在的现象，都可能成为孩子提问的对象。

面对这些问题，不少家长会不以为意地回答："因为本来就是这样啊，没有为什么。"也有的家长感到不耐烦："哪有那么多为什么，管好你自己就行了。"如果你也曾说过类似的话，那么，必须要承认自己还没有学会应该如何回答孩子的问题。

喜欢提问的孩子，说明他们的大脑是聪明的。他们虽然年龄不大，但喜欢思考问题。在这样的孩子的视野里，世界上有太多值得他们思考的东西。好奇心驱使着他们，所以大人眼中的理所当然对孩子来说并不是好的答案。想要学会回答，家长首先必须要承认孩子问题的价值性。一些看似是奇怪的问题，也许会让人难以回答，但回答本身其实是不重要的，重要的是家长对待提问的态度，其次才能谈回答。

世界上没有完美的父母。在陪伴孩子成长的过程中，家长也要不断地丰富自己。孩子问出奇葩问题，这不应该被看作是麻烦的事情。首先要肯定孩子的思考能力，这是家长在回答问题之前要做的工作。其次才是用深入浅出的办法，去解答孩子的疑惑。事实上，送给孩子正确科学的答案，是送给他们最好的成长礼物，同时是给父母自己再次成熟的机会。所以，在智商和情商方面，家长都要做好准备。

亮亮要上小学了，爸爸妈妈却并没有松一口气，因为他们的儿子，是个名副其实地"问题"儿童。他说十句话，有九句话是带着"为什么"这三个字的。从三岁多开始，亮亮既进入了叛逆期，也进入了提问期。天为什么是蓝色？草为什么是绿色？小女孩为什么要扎辫子？大人为什么会发脾气？……身边所有的东西，都逃不过他的发问，这让亮亮的爸妈感到非常疲惫。

他们深知养孩子是要付出耐心与时间的，却没想到还有这一关在等待着自己。现在，亮亮还没有学会认字，爸爸妈妈就把几大本厚厚的《十万个为什么》搬进了家里。只要儿子一提问，他们就先翻翻书的目录，看看能不能找到现成的答案。如果有的话，那就真的太棒了！只需要念出来就可以了。而书里没有，两个人就只能轮番上网查，直到找出正确的答案。

不过，亮亮的怪问题太多，爸妈甚至觉得"为什么"成了他的口头禅，问的内容更是稀奇古怪。还好亮亮的父母懂得变通，他们接到问题后，能回答的就尽量解释。实在无法回答的，他们也会反过来问问亮亮："你的脑袋这么棒，会发现这么多问题，那你知道为什么会这样吗？我觉得你应该有自己的答案吧。我们先听你说说。"而亮亮果然就"上钩"了，一板一眼的自问自答。

这天晚上，正在做作业的亮亮突然发问："为什么要布置作业啊？这些我们明明都会了，可老师还要每天布置这么多作业，到底是为什么呢？"妈妈听到这个问题，先是一愣，继而看到了孩子低落的情绪——作业太多，他失去了耐心，孩子有些身心疲惫。

妈妈没有急着给他答案，只是轻轻地说："这个问题我也想过，不过暂时还没想出来。不过，我觉得你既然能提出这个问题，那么肯定有自己的猜测，不如你告诉我你的答案，我们一起来讨论一下吧？"听到妈妈的回答，亮亮做思考状："老师不是说了吗，'温故而知新'。虽然每天的知识我们掌握了，但是每天的作业能让我们记得更清楚、更牢固。这应该就是答案了吧。"说完，他用期待地眼神望着妈妈。

"好孩子，你的回答真棒！自己就把问题的答案找到了，妈妈认同你的观点。作业是为了让我们复习巩固，所以你要加油啊。"妈妈不失时机地表扬了他。亮亮有点不好意思地笑了，之后继续努力地做功课，再也没有提出奇葩的问题。

父母就像孩子的老师，为孩子解答问题，是陪伴孩子过程中的必然经历。老师为学生授业解惑，不知道要面对多少孩子提出的问题。比如有学生会问："老师这道题怎么做？"面对这种情况，老师很少直接给出答案来。他们会引导学生思考，分析解题需要的知识点，再去给孩子启发。这样回答问题的方式，更利于孩子对问题的认知，这样孩子掌握的不只是答案，更重要的是方法。

所以，父母应该向老师学习，取长补短，丰富教育手法。鼓励孩子提问引导孩子回答，才能算对孩子智力的再次开发。天长日久，随着孩子身心发育成熟，那些过于幼稚的问题，他们也不会再问。而那些有深度和水准的问题，孩子也会自己主动寻找答案。等到那一天来临，父母就可能会产生无法抑制的失落感。我们会怀念那个小嘴不停地提出稀奇古怪问题的孩子，尽管当时的我们束手无措，或者缺乏耐心。

花儿为什么是红色的，彩虹却是七彩的？

她的头发为什么比我长，皮肤也比我白呢？

爸爸妈妈为什么会爱我，你们会一直都这么爱我吗？

……

守护孩子的成长，春风化雨更润苗。

搞清事实再说话，向孩子低头不丢人

"人非圣贤，孰能无过。"可偏偏好多父母都不认同这一观点。他们在面对孩子的时候，本能地划出一条清晰的界限，这边是大人，那边是孩子。为人父母，他们总想做对每一件事，成为孩子心中的骄傲、优秀的榜样。可是，这样就给了自己太大的压力，也间接否定了孩子的价值。

"三人行，必有我师焉。"不管是生活中还是工作中，总有比我们强大的人，这种现象是无法改变的。纵然你在某方面是天才，可没有谁能成为万能神。父母应该学会弯下腰来，尊重孩子的天赋灵性，相信他们的思考能力。

之所以提出这种观点，是因为父母在教育孩子的时候，经常会出现这样的误差。你还能回忆起来自己上一次发火是因为什么吗？是孩子画画的颜色不对，还是因为他没有礼貌让你丢脸？大人总说要给孩子安全感，却因为一点小事就大发雷霆，让孩子心惊胆战，现实中的这种情况让人心痛。

更可怕的是，有时候父母逼孩子说出犯错的理由，却一下子被孩子的原因震惊到。原来孩子不是要犯错，而是因为他们有自己善良的出发点。更扎心的是，他们的心意虽好，却被大人误解成犯错。那么此刻，又有多少父母会因为误解孩子，而向他们低头认错呢？

有一个故事特别暖心，想讲给大家听：

一个男人开车回家，把车停在车库里。等他再回来的时候，发现自己年幼的儿子正拿着东西在车上乱刮乱画，看上去非常高兴。这位父亲气坏了，他看了一眼自己的新车，就知道车漆已经被儿子给刮坏了。他无法控制自己的怒火，冲着儿子大喊大叫，甚至还打了他几下，斥责他的调皮。儿子默不作声，眼里却含满了泪水。

这位父亲对儿子训斥许久，最后去检查车子的情况。他忽然发现，儿子并非胡乱涂鸦，而是写了一句话，那就是：I love you，dad（我爱你，爸爸）。这时，他才明白儿子的举动。他抱了抱孩子，却没有说出"对不起"。虽然他的内心明白了孩子心意，可大人的尊严让他不会轻易低头向孩子认错。

我们常说要保护弱势群体，孩子就是我们要呵护的对象。大人把发火当作随性而起的事情，当父母发现错怪了孩子，也不想低头认错，这样的父母从来没有考虑过孩子的想法。父母应该明白：自己也只是个凡人，学会像孩子讨教学习，或者请求原谅，这样的行为并不会降低为人父母的权威，反而可以让孩子对父母更加尊重、亲子关系更加亲密。

《双面胶》里有个小朋友，性格安静听话，从来不会惹是生非。但有一天，有个男生在全班同学面前诋毁他的爸爸，言辞非常难听。这个孩子控制不住自己的情绪，去追打那个孩子。他拿起地球仪扔了过去，不小心砸到了另外一个同学的脑袋。

当爸爸来接他的时候，他已经害怕到不行。回到家里，不明真相的妈妈对他百般质问，结果得知是因为爸爸被人污蔑，他才动手。

如果你是他的父母，该怎么教育呢？动手打人是不对的，但他能在班里维护爸爸的名誉，你们是不是会感动并表扬他呢？从孩子的角度去看问题，如果他们认为自己做错了，接受惩罚是可以的。但如果没做错，反而被冤枉了呢？他们能不能得到应该有的道歉。大人是人，并非是神。想让孩子仰望父母，也不意味着父母不允许出现错误。有时候，道歉比训斥，更能让孩子印象深刻。

比如有个小孩喜欢剪纸，她会趁着妈妈午睡，偷偷把床单上的小花剪下来。当妈妈醒来发现这件事儿，自然气到跳脚。然而孩子告诉妈妈，她觉得花非常漂亮，想剪下来送给妈妈。

孩子的成绩单发下来，你发现他的成绩退步许多，是不是又要教训一下？然而，他开心地告诉你，他故意做错一些题，是为了跟最好的朋友缩小差距，让朋友不再孤单。

你会发现，孩子的真善美，远远超出我们的想象。尽管那些事，在大人看来是那么傻。作为父母，我们可以批评、引导孩子，但要做好调查工作。若是发现我们误解孩子的初衷，要坦诚地说："对不起。"这句话并不会让父母丢人，反而会赢得孩子的尊重与信任。

陪伴第八阶：给孩子立界限，从小教会孩子懂规矩

爱孩子，不意味着溺爱孩子和纵容孩子。一个不自律、不懂规矩的孩子是没有办法变优秀的，更没有办法成就事业。所以，父母一定要让孩子从小懂规矩，明白做人做事的底线在哪里。

为什么我们给孩子定的规矩，常常被孩子推翻

"无规矩不成方圆"，这句名言大家耳熟能详。一个人没有规矩的约束，就会变得放飞自我，甚至沾染恶习；一个集体，没有规矩，就做不成大事。人是自由的，但应该是相对的。只有相对自由的人，才能把握分寸。规矩，需要从小树立，不知道您给孩子定过规矩吗？

好多人不愿意给孩子定规矩："孩子才多大点儿，知道什么啊？给他立什么规矩，这不是跟解放孩子的天性相违背吗？"没错，我们鼓励给孩子宽松自由的成长环境，让孩子发挥独立自主性。期待能从小就培养出他们有主见的性格，成为一个自信、乐观的人。

但是自由与规矩，并不是相互对立的。给孩子定规矩，说白了就是告诉孩子，自由的底线在哪里。虽然大人懂得规矩的重要性，可对于孩子来说，规矩并不是权威，尤其是父母给定的规矩。我们绞尽脑汁给孩子立下一条条善意的条款，总是轻易就被孩子推翻，白白浪费了大人的心思。

没有规矩的孩子，就像脱缰的野马，任由自己在小世界里疯狂。自由的小人，不仅会触碰到自己的底线，就连别人的底线也会毫不在意，时间久了，这样的孩子必然会给自己和家长都带来麻烦。孩子的成长年华，应该是不断约束的过程。比如他们出生的时候都非常随意，没办法给小婴儿定规矩，他们的本能需求被满足了，大人们也就放心了。而长大之后，会说、会蹦、会唱、会跳的孩子，没有规矩就会成为缺少管教的反面教材，没有父母愿意自己的孩子变成这样。

所以，我们应该给孩子定规矩，努力培养出一个懂规矩，能自律的好孩子。

每个家庭立规矩的方式不同，大体分为两类：一种是父母每天都对着孩子重复，一天起码要把规矩说上数十遍；一种是家里找个小黑板，把规矩一条一条列在上面，孩子做到了就会加分，没做到就要减分。

然而事实上，家长绞尽脑汁为孩子量身定做的规矩，一开始孩子还会保持新鲜感，像玩游戏一样，愿意配合家长。可没多久，这种好奇与新鲜感一旦失去，孩子就会开始"捣乱"了。孩子们推翻规矩，就像推翻自己的积木一样，带着挑衅的乐趣，恶作剧的心态。可孩子们并不在意，这让当父母的有多么气愤，多么无可奈何。

因为父母工作比较忙，晓晓出生六个月后就一直跟着爷爷奶奶生活。直到她上幼儿园时，才被父母接回身边。晓晓性格活泼开朗，父母虽然没有一直在她身边，但每个周末都会去看她，所以并没有造成亲子间的隔阂。加上父母对孩子有愧疚感，就非常想弥补一下，所以他们对孩子提出的要求都尽量满足。

不管是吃的，还是穿的，甚至是玩的，只要小公主提出要求，父母都尽量满足她。可是没多长时间，父母跟孩子就相处出矛盾来了。原来，晓晓在家跟着爷爷奶奶生活，已经被宠成了小公主。她不仅脾气蛮横，还自以为是。加上叛逆期的如期而至，让小姑娘对一切约束和规则都要挑战一下！

为了给她养成良好的作息习惯，大人规定她必须九点之前就上床睡觉，次日七点前起床。这样爸妈能准时送她去幼儿园，也不会耽误上班时间。可是晓晓一听，嘴巴就噘起来了："我才不听呢，我在奶奶家想什么时候睡就什么时候睡！"结果，她根本就没打算遵守规则，还故意慢吞吞地。长期被宠溺的她，即便是心急的大人训斥她几句，也丝毫不怕。

晓晓的情况让父母非常头痛，立规矩本来是件严肃的事情，可爷爷奶奶的极力阻挠，让这件事很难进行下去。其实晓晓也很委屈，她不懂父母为什么要用条条框框挡住她的快乐？这些东西她从来没有经历过，爷爷奶奶只会由着她快乐飞翔，哪知道父母会给她这样一份"礼物"。

晓晓的父母一边看不得孩子的眼泪与伤心，另一边又着急给孩子立规矩。最后他们决定向朋友求助。这个朋友是专注于孩子心理教育研究的，朋友听完事情的缘由，给他提出了几点建议：

首先，立规矩需要家长持之以恒，不要因为孩子的推翻或者反抗，大人被动的半途而废。如果大人无法坚持容易产生动摇心理的话，会间接"鼓励"孩子习惯性地反抗直到成功。

孩子需要遵守规矩，这要跟孩子讲清楚。当然不能跟孩子计较，更不能故意为难他们。要让孩子从小知道底线在哪里，才能接受规则的存在。"红灯停，绿灯行，黄灯亮了等一等"，这是最基本的规则，关乎每个人的生命。社会制定出面对大众的条款，不管你是谁、来自哪里，都要认真对待，否则是对生命的亵渎。

其次，立规矩前，用孩子能听得懂的话解释前因后果，并耐心解答孩子提出的问题。

第三，及时原谅孩子的捣乱，看见孩子的进步，并用多种方式进行表扬。胜过歇斯底里地训斥。

孩子天生喜欢挑战新鲜事物，规矩也是同样的。当孩子触碰到规矩的红线，父母既要批评也要及时地原谅，这样才能保持住孩子对规矩的敬畏心，看到他们的进步，及时给予认真的肯定。或者父母也可以给他们一点心爱的礼物进行物质上的奖励。

晓晓父母的朋友的这几点建议，看似简单却不容易做到。父母给孩子定下的规矩，就如同一个个无形的紧箍咒，只为许给孩子积极向上，具备安全感的未来。而孩子们就像孙悟空一样会想尽办法摆脱规矩的约束，孩子的反抗恰恰是他们富有挑战精神。

从孩子身上，我们似乎能看到自己的影子。小时候，自己也曾面对一堆讨厌的规矩，不得不做却又不懂为什么；做错会被惩罚、遵守会得到鼓励。你会发现，原来自己的孩子是生命的全部延续，他们延续着自己的可爱，也丰富了此刻的勇气。

陪伴孩子是最为温暖的时光，又是一场不易察觉的对抗。孩子不由自主地会想打破桎梏，大人又时刻全心守护规则。双方真的无法平衡吗？找到孩子喜欢推翻规则的原因，自然就能引导孩子在规则的世界里，自由地呼吸，自在的生活。

给孩子立规矩，也是给自己立规矩

很多父母为了教育孩子，给孩子制定了规矩，一旦孩子做了违规的事情，便会气急败坏地训斥："不是给你定好规矩了吗？你为什么不遵守？""你这孩子，怎么这么不听话！一点都不如小时候乖了。""你要是再违反规定，我就惩罚你了！"

可事实上，当父母说出这句话时，其实父母已经输了。

为什么会输？父母的出发点是好的，定的规矩是合理的。只是在给孩子定规矩、要求孩子遵守规矩的同时，你自己却一直在打破规矩。也就是说，规矩对对大人来说，不管做什么，都不用太在意，只要自己高兴就好了。但是又要求孩子，既然制定规矩，那么大人和孩子就应该一同遵守。不然是不公平的。

思妍婚前是个很有个性的女孩，她喜欢玩，玩什么都可以；也喜欢吃，热爱世界上一切好吃的小零食。结婚之后，大家都认为她会是一个非常酷的老婆；生孩子之后，会是一个特别棒的妈妈。

很快，他们家的大儿子来到了这个世界，一家人幸福开心。孩子在这种氛围里健康长大，这让思妍非常有成就感。不过孩子大了，问题也就多了，思妍无法再偷偷离开孩子跟朋友一起玩，只能在吃美食方面找。她没事儿就在网上买来一堆好吃的零食，藏起来偷偷吃。

可儿子越来越大，开始东翻西找，家里没有他翻不到的地方。很快，他就找到了妈妈的"秘密宝藏"。当他拿着胜利品给妈妈看时，问妈妈："这是什么？"思妍很自然地就回答："这是妈妈爱吃的零食。"孩子一听，当即表示他也要吃！

可大人的网红零食，不是甜到腻，就是又咸又辣，孩子根本就不能碰。为了孩子的健康，思妍只好哄儿子："零食对身体不好，小孩子不可以吃，这都是垃圾食品。"一听这话，儿子沉默了，不一会儿他抬起头看着妈妈："妈妈，对身体不好，宝宝不吃，妈妈也不吃。"听完这话，思妍觉得儿子懂得关心自己，非常感动，就毫不犹豫地答应了。

然而，思妍认为自己已经放弃了太多的爱好，唯有以吃解忧，再没点零食陪伴的话，完全开心不起来。小孩子始终还是斗不过大人的。有一天，老公带儿子出去玩，给她放个假。思妍怎么会放弃这样的美好时光，于是她马上打开电视，抱出来零食，摆好饮料，准备回归自己的少女生活。

谁知她刚撕开包装袋，儿子和老公就回来了，这下完了，被儿子抓个现行。小家伙冲到她面前，质问她："不是说好不吃零食吗？你怎么说话不算话，我也要吃。"尴尬的她只好不理儿子，质问老公："怎么这么快回来了？"老公摊开双手表示冤枉："外面下雨了啊！我带他回来拿把伞。"

经过这一次，从来不吃零食的儿子，算是破了例。他跟妈妈一样，喜欢小零食的口味，央求大人给他买各种各样的零食。孩子一旦喜欢上了零食，吃饭的欲望就会降低，这让孩子对三餐越来越敷衍。

后来，思妍和老公非常严肃地跟儿子谈了谈，告诉他以后要戒掉零食，这是规矩。儿子听后反问妈妈："你也不吃了吗？"她连忙表态，这是对儿子的规矩，也是对爸爸妈妈的规矩，谁也不准吃零食了。听到这话，儿子对这个规矩愉快地接受了。

这段小插曲，让思妍一下子意识到，家长与孩子的"博弈"算是正式开始了。一身毛病的父母，如何要求孩子变优秀呢？不搞双标，那么孩子的教育就不会那么难。

还有一种情况，在我们的生活中也是常见的。每当我们下决心给孩子立规矩的时候，只要孩子稍微哭泣反抗，父母就心软了，放弃了自己的原则。这种情况下，也是父母没有给自己树立好规矩。孩子是会"见风使舵"的，他们一旦觉察到自己变成"小可怜"，爸爸妈妈就会改变态度，放弃规矩，那么他们会乐此不疲地把这一招用下去。

有的孩子不喜欢吃饭。一到吃饭就找各种各样的借口，试图离开餐桌。看到孩子吃饭不给力，家长心里一着急，就采用"追着喂"的办法。可是育儿专家说了，这样喂孩子吃饭的办法是不科学的，对孩子只有坏处，没有任何好处。最好的办法是，孩子既然不想吃饭，想离开饭桌就让他走。不给留饭，不给零食和水果，让孩子体会到饥饿的感觉。这样，下一次孩子自然就会乖乖回到饭桌上，自己把自己喂饱。

吃饭时间到了，朋友家的孩子刚坐上饭桌没两分钟，就闹着要下去玩。按照原定计划让他走，不管他。一家人淡定地吃完饭，把饭菜全部吃光，这也是计划之一。孩子此刻并没有表现出什么，还在尽情地玩耍。两三个小时之后，孩子突然说自己快饿死了，想吃东西。家长再次讲规矩，告诉他还要继续挨饿，一直等到下一次吃饭的时间，才可以吃东西。

谁知孩子一听，立刻号啕大哭起来，边哭边喊："爸爸妈妈，求求你们了，给我点好吃的吧，我好饿啊。"孩子是父母心中的一块软肋，这一哭，就击中了父母的心。顿时忘记了自己给自己的规矩，给孩子拿出了水果和饼干。

双方都打破了规矩，父母以为孩子已经懂得了什么叫规矩，可孩子却认为规矩是哭哭闹闹就可以打破的，根本不需要担心。等到下一次吃饭的时候，故事只会重演，决不会改变。

只有家长意识到自己的错误，重新坚守规矩，才能改变孩子。双方保持一致的认知，好习惯才能顺利养成。

有不少家长心软，信奉的是"自由教育"，让孩子自己做决定，自己管自己，只要他们开心就好。这种教育方法并非不可以。只不过全靠孩子自觉行事，难度不小，因为他们本身就是在模仿中成长。作为父母，我们给自己立规矩，并且坚持执行，才能给孩子做好的榜样。

更何况规矩应该是严肃的，自律能换来孩子长久的优秀，我们做父母的，又何乐而不为呢？

孩子屡教不改，向他出示一张"红牌"

前面我们已经讨论了规矩的重要性，也分析了如何树立规矩和确保规则的执行。可家长们的工作做得再完美，最后执行效果还要看孩子。如果孩子配合，那么我们不费心力就能把孩子培养成有规矩之人。可再好的方案，如果孩子不理解、不遵守，那么立好的规矩就变成了纸上谈兵，无法发挥应有的效果。

孩子天生具备反抗性，挑战精神在他们的身上有时是闪光点，但在培养规矩和纪律性的时候，就成为最大的拦路虎。家长总以为自己的孩子会一直听话懂事，殊不知他们越长大越有主见。孩子不认可的事情，既不按要求执行，还会故意破坏。

这个时候，很多家长都会不知所措，究竟该怎么办呢？要知道，会反抗的孩子，对大声呵斥根本不会在意、不会害怕。这时怎么办？动手打孩子？这是我们反对的教育方法。恐吓与暴力都不能解决问题，或许，我们该学一下球场上的惩罚规则。

　　两队的足球队员踢球，在各种规则的约束下文明比赛。如果触犯了规则，包括不经过裁判员允许，随意进场离场；参赛队员连续违反规则；对裁判员进行辱骂攻击表示不满……这些行为出现一次，裁判员就会对他出示一张黄牌，以示警告。如果再出现一次，那么还会得到一次黄牌警告。得到两次黄牌，这位球员就要下场，失去比赛资格。

　　还有一种情况，属于情节严重的违规，比如特别恶意或者对对方球员有直接伤害的，这种明显的人身攻击，裁判员会直接越过黄牌，给出红牌警告，让他离场。

　　黄牌与红牌，在体育界比赛中应用广泛，这是对规则的维护，也是对公平和正义的坚持。那么我们在教育孩子中，不谈什么公平与正义，只说不能破坏规矩这件事，是不是非常有借鉴意义呢？

　　孩子犯了错，大人都会加以批评教育。但孩子自律性差，一次两次犯错之后，不管孩子接不接受教训，都应该避免孩子再出现类似行为。家长要注意观察，如果孩子屡教不改，就应该给予他们直截了当的惩罚。这时候，向他出示一张"红牌"，告诉他已经失去某项活动的资格，或者剥夺他们拥有某样物品的权利。

　　浩浩到了调皮的年纪，有时候也会做出出格的事情。比如，捉弄小朋友。可是，他这么大的孩子根本没有分寸，也没有安全意识，所以，他的行为所带来的危害可大可小。

　　有一次，他跟一个小伙伴玩沙子。一时兴起，为了营造出下雨和下雪的氛围，浩浩拿起铲子就向天空中撒去。这下可好，漫天的细沙从天而降，落到周围小朋友的身上和脸上，大家大声惊呼起来。还有个孩子，因为抬头看浩浩撒沙子，沙子进了眼睛，当场大哭起来。

　　家长看到这种情况，赶紧给孩子检查清理。周围人都在抱怨浩浩妈妈不好好管教自己的孩子，说得她面红耳赤。再看看浩浩，居然没有被吓到，反而乐呵呵地看着自己制造出来的闹剧，这上大家更为恼火。

浩浩妈妈一把抓住他，问他为什么这么做，他却说这样好玩。看样子，他根本没意识到自己犯了大错。妈妈抓住他，让他跟大家道歉，他也不听。母子俩马上成为不受欢迎的人，妈妈当即跟大家赔礼道歉，随后就把浩浩带回了家里，开展了一番批评教育。

尽管妈妈苦口婆心地教育浩浩，可他丝毫没意识到这件事做错了，依旧是不懂也不改的样子。看到儿子这么顽固不化，妈妈真的想上手打他。可转念一想，打他也不能打明白，也不会改掉他这个坏毛病，搞不好还会对孩子造成伤害，如果落下心理阴影可就麻烦了。可是，她真是不知道该怎么让孩子记住教训，以后不要再做伤害别人的事情。

正当妈妈头疼的时候，爸爸下班回来了。浩浩看见爸爸非常亲，一下子就扑了上去，爷儿俩亲来亲去。妈妈可不管他们父子情深，马上一五一十地把下午发生的事情跟爸爸汇报了。她顺便把自己教育孩子的过程，以及孩子的反应都说了出来，希望爸爸能想个好办法。

浩浩的爸爸想了一会儿，对儿子说："这次你做错了，调皮伤害到其他小朋友，这是你的不对。如果你不改的话，那么就要对你采取惩罚措施。"

浩浩才不怕，他挑衅地问："什么惩罚？打我还是骂我？我都不怕！"

爸爸说："这是第一次，我们已经对你进行了批评，也是第一次警告。如果下次再出现这种情况，我们会直接罚你下场，就是不让你再出去玩。你不是最喜欢跟小朋友玩吗？到时候，你只能待在家里，妈妈做家务，你自己玩。这就是惩罚。"

第二天浩浩再出去玩，已经相当注意了。他会在做动作前，看看周围有没有小朋友，会不会伤到别人。妈妈看在眼里，认为他有了进步，爸爸的话还是发挥作用了。

但是第三天，浩浩出去玩的时候，显然是忘记了跟父母的约定。他在小区花园里玩的时候，发现有很多小朋友在一起玩开火车的游戏。浩浩也很想跟小朋友一起玩，就征求妈妈的同意。妈妈认为他已经具备安全意识，就叮嘱他要注意安全，不要弄伤小朋友。随即浩浩就加入开火车的队伍中去了。处于火车最前面的是浩浩，依次是铭铭、霖霖、越越。浩浩跑得很快，后面的小朋友也跟着跑，突然，浩浩一个急转弯，把后面的小朋友甩了出去，摔在地上。浩浩又一次闯祸了。妈妈只能拉着浩浩跟每个家长和孩子道歉，他们母子俩又成了不受欢迎的人。

浩浩又被拽回了家。显然，这次他知道自己的错误，可为时已晚。爸爸妈妈当天决定，一个星期之内不再带他下去跟小朋友玩！这就是那张红牌！尽管浩浩哭着承认自己的错误，但爸爸妈妈认为，该有的惩罚不能就这么算了，否则他会屡教不改，养成坏习惯。万一发展成顽劣成性的孩子，也许以后连个好朋友都没有。

一周的时间，对浩浩来说是那么漫长。幼儿园与家两点一线，那个欢乐的小公园离他那么远。有时候，妈妈会陪他在窗边看小朋友玩耍，让他注意观察，小伙伴之间应该注意安全，才能玩得开心。浩浩似乎明白了什么。之后浩浩回归到小区的孩子群里，再也没做出伤害别人的事情。浩浩对于"红牌"，已经懂得了它存在的意义，产生了畏惧心理。

不管是大事小事，我们都可以用这一招，来帮助孩子矫正坏习惯，培养出知错就改的孩子。同样的错误犯两次，就应该引起我们家长的注意了。红牌惩罚，目的不是惩罚，而是给孩子一个冷静和反思的机会。当他们失去做某件事情的资格，才会正视自己的错误，做出相应的改变。

　　"红牌"惩罚并不意味着冷漠教养，这一点父母们也要注意。把握好惩罚尺度，需要更加理解孩子的需求与底线。如此，我们才能在惩罚与理解中，平衡教育的重心。

利用契约模式，让孩子形成自觉限制

我们平常赋予孩子的规矩，大部分都是从自己的经验出发，指导孩子用更合理的角度看问题。因为我们希望有朝一日，孩子能够养成自觉、自律的好习惯。到那一天，是我们放手的时候，也是我们放心的时候。孩子的羽翼丰满，养成了健康的三观，也有能力让自己在优秀的道路上越走越远。

这个目标听起来非常美好，但不少父母还是不懂从何做起，用什么样的方式才能完成这个"KPI（关键绩效指标考核法）"？俗话说，"三岁看老"，一个孩子的童年时期，正是打基础的时候。我们必须调动自己全部的时间、精力以及智慧，培养出孩子的好习惯。

从我们给孩子树立规矩的时候，就要引导孩子遵守这个世界的规则。自由与约束并不矛盾，规矩是为了让孩子享受合理合法的自由，这一点做家长的首先要搞清楚。社会上和家庭里的规矩，孩子需要逐渐接触了解，而父母所要负责的就是监督和执行。如有违反，我们还要按照既定的惩罚措施，给孩子一点"教训"。

从大范围上来讲，合同也叫契约。如果在我们的家庭教育中，能够利用契约模式，让孩子形成自觉限制，那么教育会变得可靠。家长只需要通过一段时间的培养，让孩子适应这个模式，就可以慢慢抽身，让孩子自主自导。

有人会质疑："难道要跟孩子签合同吗？他那么小，根本不认识字，这该怎么办？口头协议有什么用？孩子前脚答应、后脚就忘得一干二净！"其实，契约模式既是一种培养孩子性格的方法，也是一种无形的教育模式。并非是要求父母严格的把规矩统统写下来，要求孩子签字摁手印，要求他们必须执行。这是职场里的做事风格，不该用在教育孩子上，毕竟我们面对的是天真无邪的孩子，养成好习惯不代表压抑他们的天性。如果不断强调需要达成的目标，进而对孩子施加非常大的压力，这样既容易破坏亲子关系，也会严重打击到孩子的积极性。

所谓契约模式，首先要求家长为孩子量身制定规矩，并根据孩子的接受程度，做出惩罚措施。如果提出不合实际的要求，是孩子难以到达的程度，那么这种契约除了打击孩子的积极性，并不能发挥正面作用。比如，孩子都是喜欢吃零食的。当孩子看到周围小朋友都在吃，他也会有这种要求。大人都明白吃零食对孩子没有好处，但如果你提出"吃零食对身体不好，我们一点都不能碰"，这种大人都难以做到的要求，孩子怎么可能会同意。

但是反过来，满足孩子的欲望，同时又控制孩子的欲望，才有可实施的可能性。比如："宝贝，吃零食对身体不好，但是我们每次只能吃一小块，不可以多吃。如果吃多了，吃完这些我们就不可以再买了。"这样的约定，既能让孩子接受，也可以让他学着控制自己的欲望。

我认识的一位二胎妈妈，对两个孩子的教育，她就很得心应手，运用的就是这种契约模式。这位妈妈上初中的儿子、上小学的女儿，性格都特别要强，非常容易发生矛盾。如果没有好的教育方法，他们的妈妈肯定会蓬头垢面、火冒三丈，搞不好每天家里都会鸡飞狗跳。

有一次，妈妈带着哥哥与女儿去操场上玩。因为哥哥非常喜欢踢足球，妈妈就让他自己去找伙伴组队去了。而女儿则跟着妈妈，两个人在操场上认识了另外一家人，两个女孩一见如故，在一起玩得非常开心。

但是不大一会儿，哥哥就来找妈妈了。原来他在踢球的时候，不小心把腿摔伤了。虽然不算太疼，但是伤口流血，又恰逢夏季高温，需要回家处理一下。妈妈和哥哥就开始喊妹妹回家。但是妹妹呢，又恰好玩在兴头上，根本不想回家。

这时候，哥哥忍着疼痛，妹妹不肯妥协，妈妈就拿出手机："妹妹再玩15分钟，我们定个闹钟，闹钟一响，我们就要回家了。哥哥再忍着疼痛，等待15分钟。这样是不是可以？"妹妹一听还可以继续玩，就答应了；哥哥身为小小男子汉，也没有提出异议。

很快，15分钟过去了。闹钟响起来的那一刻，不用妈妈提醒，妹妹已经跟小伙伴在告别，并约定明天继续一起玩。一家人没有吵闹，高高兴兴地离开了。当然，妈妈对两个孩子还提出了表扬："谢谢哥哥的理解，受伤还会包容妹妹，耐心等待；谢谢妹妹，玩得这么开心，也记得遵守我们的约定。你们都非常棒！"

我们在采取契约模式的时候，最终目的是让孩子自觉形成管束的习惯。而不是完全戒掉孩子的欲望，因为那是不可能的事情。炎热的夏季，孩子难免会要求吃雪糕、冰激凌，除非孩子本身不能吃凉，否则大部分家长都会满足孩子的这个需求。

但是孩子在没有约束的情况下，对冰和甜两种口感都无法拒绝，他们会一步步地试探大人的底线。也许是要求每天吃一个，或者是两天吃一个，甚至有的孩子会提出一天吃多个的要求。如果家长不提出硬性要求，在孩子死缠烂打的哀求之下，成为一个不会说"不"的家长，就很容易害了孩子。相反，对孩子的一切欲望都说"不"，也会伤害了孩子的自尊心与自信心。

合同分甲方和乙方，当乙方完成了条约中的要求，那么甲方的承诺也应该兑现。我曾听说过一位家长为鼓励孩子好好学习，便答应他，如果考入班级前十名，就会送他新款的游戏机。孩子马上答应，契约达成。孩子为了得到奖励，拼了命的学习。每天回家不用家长督促，自己吃完饭就开始做作业、做习题。果然，孩子的付出提高了成绩，他考了第八名，令老师与同学刮目相看。

可当他兴高采烈地跟父母提出要游戏机时，却被父母敷衍："不行，我后来想了想，打游戏耽误学习。我还是送你一套课外书吧。"孩子一听，马上开始撒泼打滚，争取自己的权利。奈何父母到最后也没给他买，换成了其他礼物。这个孩子，从此以后再也没有考出那么好的成绩。回到家也没有丝毫的积极性，学习一落千丈。

为人父母，即是表率。想培养孩子的自觉性，首先要让自己成为言行必果的人。既然是契约而不是单方面要求，双方都应该拿出自己的诚意来，这样才能树立父母权威，培养孩子对契约的尊重。契约不是一张白纸，也不是一句空话，孩子的未来能否学会自我管束，就看父母如何展示"契约"的魅力！

巧妙设立规矩，还要考虑个体差异

孩子对待规矩的态度，因个体差异而不同。有的孩子"从善如流"，情商比较高的他们，非常乐意配合家长制定的规矩，他们把新的规矩，视若新的挑战，并不会感到压力。而有的孩子，比较晚熟，叛逆精神强，规矩对他们来说太过压抑，不论对的错的都要尽力反抗。

这两种孩子，就不能用同样的规矩来要求。同样是同龄的孩子，他们的个体差异强烈。现在社会上的二胎家庭越来越多，家长应该有所体会。同样是一个妈妈所生，孩子的性格差别却会很大，成长进程也大不一样。即便是双胞胎，表现出来的差别性也大于共同点。

那么这时候，我们要怎么办呢？对不同孩子树立同样的规矩，显然是不科学的，父母应该遵循"具体情况具体分析"的方法。爱静的孩子，父母就要鼓励他玩；爱闹的孩子，父母就注重培养他的独处能力。这就是我们所说的规矩之间的差异性。

朋友生了一对龙凤胎，全家人喜出望外，照顾孩子格外上心。不知不觉，他们就从小婴儿长成了大孩子。外人看两个孩子俏皮可爱，却又性格迥异，就问朋友是否对待两个孩子一视同仁，会不会差异性地对待他们？他们在生活中所遵守的规矩，是不是一样的呢？

我的朋友听完问题，给出了一个搞笑的答案。她说对待这兄妹俩，就好像一个是亲生，一个是领养。有些规矩是通用的，但更多的时候，需要观察这两个孩子身上的不同，避免走进教育误区。

就拿吃饭来说吧，这是孩子们每天都要做，并且需要做三次的事情，兄妹俩究竟有什么不同呢？说来有趣，哥哥是个急性子，每次吃饭狼吞虎咽，不管吃什么饭菜，就如急行军一般。他如此急躁，很容易吃出问题来，伤了肠胃。所以父母就给他制定了"细嚼慢咽"的规矩，要求他吃饭时间不得少于10分钟。

而妹妹呢，则天生就是慢吞吞的性子，在吃饭上尤其如此。她像个美食家，从小就知道品味食物的味道。因此，她每次都是最后一个离开饭桌的。没办法，爸爸妈妈就让她适当地加速，避免她养成拖拉的习惯。

就这一件很小的事情，已经能看出这两个孩子极端的差别。而性格有差异的人，自然不能用同样的标准来要求。

父母要有明辨是非的眼睛，也要在心里放置一把衡量的尺子。面对不同性格的孩子，规矩必然应该有所差异。在学习与工作上，我们成年人被同样的标准要求着，那是因为社会的竞争不会顾及个体的差异。而处于成长中的孩子，不应该被不恰当的规矩改变，或被压抑情绪。规矩是用来反对孩子的放任自流，而不是操纵孩子们。没有规矩，孩子们会被"随意"蒙住了眼睛。父母不能嫌麻烦，而失去对孩子的耐心教养。

面对孩子的个体差异，父母应该用不一样的规矩来约束。现在二胎家庭越来越多，必然会面对这样或那样的问题。我们明白了孩子的个体差异，也并非万事大吉。拥有独生子女的家庭，还要适时改变规矩，因为孩子处于不同的成长过程中，身心发生了改变，甚至性格也会变得迥异。

童年时期，孩子是可爱无忧的，父母制定的规矩既不能过于苛刻，又不能太过书面，要保持执行力。

少年时期，孩子开始寻求内外的平衡，跟家长的关系也日渐疏离，这时候父母制定的规矩要侧重理解与尊重。

叛逆时期来临的时候，孩子已经不容易被规矩束缚住，这时候家长要适当地从树立规矩变成讲规矩，否则会激起孩子的反叛心理。

我们小时候总是教孩子保持警惕心，不要跟陌生人说话。那么等他步入校园，步入社会，标准也会因此而改变。陌生人经过沟通，也就变成了朋友。虽然这是一个很小的方面，但也是成长和生活中的缩影。不要抗拒孩子成长的如期而至，父母要学会改变。孩子是聪敏的，他们会顺势而为，也会做出正确的选择。

每一个优秀孩子的身上，都有无数的闪光点。再仔细看看，那正是不同规矩带来的蜕变。生命的精彩，就在于家长的随机应变。你们，做好准备了吗？

陪伴第九阶：培养孩子社交力，别让孩子的童年只有自己

　　没有父母的陪伴，孩子只能一个人，或是与手机、电视为伴；没有父母的陪伴，孩子就会不知道如何与父母交流，进而更不会与他人相处。所以，高质量坫陪伴孩子，并提高培养孩子的社交力，如此，孩子的童年才不会孤独。

"外面坏人多"——请不要这样对孩子说

现在是信息爆炸的社会，每个人都有多种渠道了解这个世界在发生什么。尤其是父母们总是会不由自主地注意到关于孩子的恶性新闻。孩子们被拐卖、被伤害，安全事故频发，而自己的孩子可爱的像天使一般，又怎么忍心他们可能会受到一丝一毫的伤害呢？

但是，教育孩子重视保护自己，告知孩子安全知识，必然会迎来孩子的提问："为什么我要注意这些呢？"父母自然会毫不犹豫地告诉孩子："因为外面坏人太多了！"但是这样的答案真的好吗？它究竟会引起孩子的重视，还是会带来负面效应，家长有没有考虑过这个问题呢？

小区下面有个不大不小的花园，一到下午就十分热闹。大至十来岁，小的才五六个月的孩子们会和他们的父母一起在这里玩耍，大人和孩子在一起谈笑玩耍，这烟火气息拉近了大家的距离。每当这时，我都会抬头看看辰辰的家。他的父母工作忙，很晚才下班，家里只有奶奶和辰辰两个人。奶奶要忙着做饭，而辰辰则一直躲在窗台后面，不知道用什么样的眼神，望着楼下的景象。

其实人群里有不少他的同龄伙伴，大家都是自己出来玩，偶尔做饭的父母也会叫他们一声，只要有回应，大人自然也就放心让他们在楼底下自己玩一会儿。有一次我又遇到了辰辰，他在楼道里站着，把栏杆抓得紧紧的。"辰辰，怎么不出去玩啊？阿姨家的弟弟在下面踢球呢，跟他一起去玩好不好？"我热情地邀请他。

"阿姨，我不去了，我妈妈说，外面坏人多，他们怕我被坏人抓走，我自己也害怕。我还是回家吧。"他说出了不出去玩的原因。我的判断是正确的，他不是不愿意出去玩，孩子天性爱玩，哪有拒绝玩的孩子呢？可他说的这个原因，却让我不知道怎么去说服他。这个世界特别大，好人和坏人一直都存在，即便是在路不拾遗的理想国，因为人性的差异，我们都很难保证世界上没有坏人。

辰辰的父母，注重培养孩子的安全意识，这并没有错。但是，当他们反复灌输给孩子"外面坏人多"的观念，就会起到意想不到的"坏影响"。外面没有坏人吗？这不可能！坏人会一直存在，坏人的存在不受人性甚至是法律的控制。我们生活的周围，大坏人、小坏人、好坏难分的人，会一直存在。

但是当你反复告诉孩子，外面坏人多的时候，孩子内心的疑惑会慢慢变成肯定。多和少是一对反义词，但坏人多到什么程度呢？是一百人中有九十个坏人，还是有五十个坏人，还是只有一个坏人？父母无法量化，自然无法告诉孩子一个确切的数字，只能用多来形容。这样的表述，父母的意图也能理解。适当的夸张说法，能引起孩子的重视。可过分夸张的强调，会慢慢在孩子的脑海中形成一种刻板印象：外面坏人多，非常多，外面都是坏人，他们围绕在我的身边，试图对我有所企图！

一旦孩子产生刻板印象，晕轮效应也会发生强大的作用。不管是和善的老人，还是高冷的年轻人，甚至有点儿调皮的同龄人，都被孩子划到"坏人"的队伍里。时间一长，本来身心正常的孩子就会像辰辰一般，对外界保持高度的警惕心，这已经影响到了他的身心与生活。他不敢走出自己的安全岛，不敢融入集体的圈子，不敢跟别人交往……别人一个眼神，会让他胡思乱想；热情的一个招呼，会让他怀疑其用意。

辰辰的表现，让我想起了一个寓言故事《杞人忧天》：杞国的一个人，因为担心天地会崩塌，人类会灭亡，于是他每天都生活得提心吊胆。直到有一天，有人告诉他，天空是气做的，大地是土做的，他的担心不会成为现实。从那一刻起，那个人才放下了内心的忧虑，重新快乐的生活。

辰辰就是那个人，害怕自己所遇到的全都是坏人，时刻都可能伤害他。辰辰本应该拥有无忧无虑的童年，可现在却变成一个畏首畏尾，不敢释放天性的人，不知道他的家长看到这一幕，会不会难过和后悔？多年的安全教育，到头来却成为束缚孩子的一道枷锁。外面的坏人幻化成无形的威胁，剥夺了孩子对这个世界美好的期待。

"抓好我的衣服，坏人这么多，会把你抓走的，你就再也见不到爸爸妈妈了！"孩子会被这样的话语，吓得胆子越来越小。

外面究竟有没有坏人？答案是有的！但是坏人虽然一直存在，父母也不应该再对孩子说"外面坏人多"这句话，带来的负面效应远远大于正面效应。孩子多次听到这样的声音，会怀疑身边的人："他们究竟是不是坏人，我要不要跟他们接触？还是不要了吧，妈妈说过，要离坏人远一点。"

父母只是想告诉孩子离坏人远一点，可孩子却跟所有人都保持了距离。孩子没有关系亲密的同学、朋友甚至是师长。日子久了，孩子就会习惯自己一个人，性格变得孤僻。一旦这种性格养成，孩子对人的信任更会大大降低。相信我，这样的孩子，现在不快乐，以后更容易出现心理问题。而这样的孩子因为他自己怀疑的心思，表现出来闪烁的眼神、不自信的仪态，也会影响到他自己的气质。相反，相信世界是美好的孩子，乐观、大方、开朗，气场更具吸引力。这种快乐的气场，传染力非常强，小朋友们会不自觉地围绕着他们，这是健康向上的气质。如果孩子们对所有人保持戒心，养成躲避型人格，又何谈影响力。或许，未来的感情路都会成为孩子的软肋，无法对外人产生亲近与信任感。

我们最希望的是，孩子能被这个世界温柔以待！如果自己有庞大的能量，我们希望保护孩子永远不受到伤害。但是父母纵然使出浑身解数，也无法做到时刻保护心爱的宝贝们。那不如就告诉他们，这个世界有危险、有坏人，更要有甄别的眼睛、灵活的心思。遇到危险时，最大限度地保护自己的生命。但是，坏人并没有那么多。世界上的好人也有很多，他们值得我们去交往、去信任，学会感受人与人之间的爱与暖！

孩子太孤僻？带他融入同龄人的圈子中去

孩子的成长，也分为"软件"和"硬件"。比如身体健康是硬件，而智商与情商则属于软件。只有两方面都达标的孩子，才能让父母做到放心，平时放手让孩子自己去成长，只需要在特别的时候出来点拨一下。

不管是外向还是内向，都是正常人的性格，不应该一概而论，没有好与不好的区分。但是，如果孩子的性格脱离了正常的发育方向，那么家长就要注意了，避免孩子成为孤僻型人格。

什么样的性格算得上是孤僻呢？最明显的表现就是不爱说话。其实并非是语言表达能力不强，而是在天生或者后天的影响下，孩子不愿意向其他人敞开心扉，拒绝表达自己的感情。面对父母的教育沉默寡言，不管是接受还是不接受，都不愿意显露出自己的真实感情。如果细心观察，这样的孩子不喜欢扎在人堆里凑热闹，会悄悄地把自己"藏起来"，让人几乎很难注意到他们的存在。

孩子孤僻的性格，大部分不是天生的，这样的孩子大多是经历了不愉快的事情，在心里留下了阴影，才会一点点封锁自己的心。可能他们曾经做过留守儿童，在性格发育的关键时期，被父母忽略导致不自信；又或许是在集体生活中，被别人欺负过没得到公平对待，父母的安抚也不到位。不管是何原因，孤僻的孩子都不应该受到苛责，他们跟其他孩子一样，有权利享受欢乐无忧的童年。

孩子和孩子之间不会讲大道理，更不会做心理辅导。但是同龄人之间的"磁场"却能充当良医的角色，慢慢解开孩子内心的纠结，直到找回本该拥有的阳光心态。孩子这个群体，跟大人没有什么不同。大人需要朋友，尤其是跟同龄人可以玩到一起。有时候并不用正式谈心，只是步入同龄人的圈子，好多想不开的事情，就会在一瞬间豁然开朗。

孩子到了一定的年龄，我们就要送他们去幼儿园了，让孩子与伙伴们一起生活，包括吃饭、睡觉和玩耍。同事家的孩子叫可可，3岁就送到了幼儿园，是个非常可爱的小女生。然而因为父母工作太忙忽略她，照顾她的老人也不是擅长交际的人。导致可可从小就脾气怪怪的。不喜欢跟人说话，也不愿意打开自己的小世界，也没有好朋友。

同事认为孩子的这个性格，会很难适应集体生活。在送到幼儿园之前，家里开会一致通过妈妈的提议："万一孩子真的适应不了幼儿园的生活，做出强烈反抗的情绪。那么就接回来，等到半年后再送过去。"当然，这些决定可可并不知道。她对幼儿园生活到底是充满期待还是害怕，连关系最亲近的爸爸妈妈也不知道。

上学的第一天，可可带着自己喜欢的书籍和零食，来到了幼儿园的门口。眼看爸爸妈妈跟她说"再见"，孩子的眼泪一下就流了出来，让父母的心一疼，却还是让她试试。老师带着可可走进教室，教室里的小朋友可真多啊！可可有点不适应，她往人少的地方坐下，考虑了几秒钟，又往旁边移了移。

这时候，老师要带着大家做游戏了！小朋友们手牵手，大家一起做朋友。可是，可可无论如何都不愿意跟小朋友有身体接触，反抗的行为越来越强烈。老师看到她的样子，就知道这个孩子很少体验集体生活，不习惯跟大家一起玩。但是，老师有办法。她来到可可身边，让她在所有小朋友中，挑选自己喜欢的人一起牵手。可可认真看了看，看中了一个长相有亲和力的小朋友，自己走到了她的身边，主动牵起手来。

老师看到这种情况，赶紧组织起活动，让可可和喜欢的小朋友参与到游戏中去。没多久，大家就熟悉了。就算可可不愿意跟大家玩，总有热情的小朋友过来邀请她，分享玩具或者食物。第一天就这么过去了。可可的父母在工作闲暇盯着手机，生怕可可在幼儿园里情绪崩溃。但是，想象中最糟糕的事情并没有发生。

当爸爸妈妈迫不及待地来到幼儿园门口，此时孩子们还没有下课，在一起吵吵闹闹、欢欢笑笑。他们在一群孩子里面，迅速找到了自己的女儿。她在人群中，虽然不是最活泼的，但脸上的笑容明显，是发自内心的那种。孩子看见自己的爸妈来接她，脸上充满了惊喜，一下就扑了过来。

接下来，可可的幼儿园生活算是正式开始了。她每天都会有新的好朋友，每天跟大家一起开心玩耍。话少心善的她，很快就成了受欢迎的小朋友。别人的高涨情绪会影响她，开心情绪也能带动她，跟小伙伴们一起，即便是你追我赶都不会觉得单调。体会过独自一人的孤单，热热闹闹的幼儿园生活成了她每天的期待。

别的小朋友都会有分离焦虑，哭着不愿意去幼儿园。而可可在这方面让父母特别省心。幼儿园里有她的好朋友，有她喜欢的老师。在家里过周末的两天，孩子偶尔也会焦急地问："妈妈，什么时候是星期一啊，我想我的同学们了。"从前不爱下楼的可可，现在从幼儿园回来，不再着急回家，而是央求妈妈让她在楼下跟小朋友玩一会儿再上去。对于她的请求，妈妈自然爽快答应。

后来的日子里，可可也会有不愿意去幼儿园的情况，也会跟小朋友产生矛盾。但她已经不再像是以前的那个孤僻女孩，她会开心大笑、伤心大哭，是个人群里的普通的小女孩了。集体生活有种魔力，它能让孩子忘掉消极与忧伤，来不及思考就已经被大家的节奏所带领。

为什么要鼓励孩子跟孩子玩？增强人际交往，对他们来说是完善性格的最佳途径。有些孩子非常霸道，在集体中或许会有一时的风头，但最终会因为被孩子们冷落，去掉他身上的"长刺"。而对于性格孤僻的孩子，朋友们会在好奇心地驱使下，去了解他，陪伴他，打破不同人之间的界限。这种情绪感染，并不需要老师指导、家长叮嘱。孩子们靠彼此之间的磁场感应，就可以将不同性格的小朋友，组建成快乐小分队。

但是有一点需要家长们注意，如果孩子本身性格正常，却因为想要更深入地融入集体，而改变自己的性格，丢失掉自己的个性，就得不偿失了。时间久了，这种做法会培养出"讨好型人格"的孩子。对于孩子的引导，把握好尺度，这是我们做父母的责任，也是影响孩子一生的关键。

良性引导，教孩子自己解决矛盾冲突

不少父母发现，随着孩子长大，需要面对的问题越来越多。比如说，孩子与孩子之间产生了矛盾，该怎么办？当孩子慢慢走出家里的圈子，就要告别小公主、小王子的生活了，该怎么办？孩子们既要寻找朋友，又要面对可能会出现的问题，那么具体会出现什么样的矛盾冲突呢？我们一起来看看。

前段时间，几个家长带着孩子在一起玩，大人们站在一边聊天，孩子在一旁玩耍。正当大人聊得火热的时候，突然传来孩子的哭闹声。家长听到尖锐的哭声，吓了一大跳，赶紧去看看出了什么问题。原来，是悠悠和果果两个小姑娘吵架了。果果哭得非常大声，好像受了天大的委屈。

果果的妈妈冲过去，先是看了看孩子身上有没有摔伤，检查并没有什么伤害，周围老人也说两个孩子并没有打起来。果果妈妈问道："你怎么了？为什么哭得这么厉害呢？"果果抽泣地回答道："她推我，她抢了我的东西，还大声吼我！"说完继续哭。

而悠悠听到果果的回答，立马也崩溃了，冲着自己的奶奶喊道："她说谎，我没有！她骗人！"两个大人轻轻安抚着自己的孩子，但两个孩子仍然哭得撕心裂肺，一时间，场面十分混乱！大人十分尴尬，可没弄清楚发生了什么事，既不能批评自己家孩子，也无法指责别人家孩子。两个家长决定，让孩子冷静下来再做处理。

孩子的眼泪来得快，去得也快，没多久两个孩子的心情就平静下来。为了搞清楚究竟发生了什么事情，果果妈妈把两个孩子拉到一起，开始问了起来。

"刚刚发生了什么事情，谁能告诉我呢？"

"果果拿了我的树叶，我想要回来，就抱着她说'还给我'，然后她就哭了。"

"是这样的吗？果果？"

"是的，她突然抱着我，还用很大地声音对我说话，我很害怕。"

原来事情的经过这么简单，但孩子们自己的问题，还是得放手交给她们自己来处理，两个家长的意见一致。这就很好办了。

"那你们觉得，这件事情是谁错了？自己有没有错？应该怎么办呢？大家以后还要一起玩吗？"

说到一起玩，两个孩子都不约而同地点点头。看来，小插曲并没有影响到孩子们的友情，只是需要慢慢地引导，才能找到好的相处方式。两个小家伙，你看看我，我看看你，好像都有什么话想说。而两位家长，则在一边鼓励她们说出心里话。

悠悠年龄大，她先说："你以后能不能别抢我的东西？我不喜欢我的玩具被别人抢走。你喜欢的话，可以告诉我，我同意了，你再拿走。"这是小孩子内心的真实想法。

"你那么大声我很害怕，我不喜欢别人碰我。你那么抱着我，我以为你要打我呢！"小果果也毫不示弱。

"好啦，大家都说出自己的心里话。我们今天会有矛盾，是因为对对方的习惯和想法不熟悉，所以才会有矛盾。那么你们都有错的地方，接下来应该怎么办呢？"果果妈妈继续引导。

"对不起。"

"我也对不起。"

"那你们都原谅对方了吗？如果原谅了，那就继续一起玩吧。不过，我们都要注意，不要无缘无故地吵起来，要学会冷静。好朋友相处，是要顾及对方的习惯的。"

两个孩子点点头，又重新在一起玩得不亦乐乎。两位家长相视一笑，并没有继续讨论。

大人处理矛盾的态度非常重要，这里我们要注意，不管孩子是吵架还是打架，不要第一时间去指责任何一方。处于矛盾中的孩子，此时的心理状态不稳定，家长的一句话就有可能成了他崩溃的稻草。所以，保持客观公正的心态，可以让孩子和家长的心态更加光明。这是调节和引导孩子自主处理矛盾的重要前提。

当家长的情绪和心态保持住后，还要注意保持不急不缓的态度。忙乱中容易出错，任何事情都是如此。有些家长脾气急躁，看到孩子吵闹哭喊就控制不住自己的情绪。着急中随意下结论，破坏了调节的氛围。如此一来，必然有一方得意而另一方委屈。即便是家长手头上有事情，也要注意质量而非速度。如果实在腾不开手，可以告诉孩子们，先暂时分开冷静一下，等自己处理完手里的事情再过来了解。

接下来，就是召集大家还原事情真相的时候了。孩子一个人玩耍，肯定不会出现矛盾冲突，只有他们与外界的人事发生联系，才会出现矛盾。不管大人在不在场，引导孩子回忆事情发展的经过，并鼓励双方实事求是，说出真相。这个时候，鼓励孩子显得非常重要。有些孩子会故意说出对自己有利的事情，而有些孩子则正视发生的事情。这是因为孩子的性格之间的差异，不应该成为影响大人判断力的因素。

两个孩子在一起争球，不小心都摔倒了。一个孩子摔破了皮，另一个孩子摔得瘀青，谁能保证受伤轻的那个孩子就是制造矛盾的负责人？甲说乙推他，乙说甲绊他，这是他们表达的自由与倾向性，并不应该成为被批评的原因。

这个时候，双方的陈述出现偏差，究竟该怎么做呢？如果家长目睹了事情的发展经过，那就好办一些了。家长也可以把自己看到的事情如实讲述出来，注意，不要带任何感情色彩，包括强调、批评或者表扬，这些统统都不要。这么做的原因，是让孩子明白，要实事求是，因为自己是旁观者。如果他们歪曲事实，那么家长会发现的。

当所有人都陈述完毕，下一步，是该做出决定的时候了："你们发生了这样的矛盾，那么，谁能给一个解决办法呢？"这时候，前面的情绪安抚工作，以及事实还原工作，都已经完成，引导解决就是整个事件的重点。

孩子在经历矛盾升级到爆发的过程中，内心会产生后悔或者害怕的情绪。此时应该告诉他们："解决问题的时候到了，开动脑筋，想一想，如果回到发生事情最开始的时候，你们会做出什么样的选择呢？还会任由矛盾爆发，直到最后一发不可收拾吗？"

抢人玩具的，会表示自己不应该抢过来，而是应该询问是否愿意分享；打人的，首先要承认自己的错误，并真诚的道歉，请求对方的原谅；处于弱势地位的，则会反思自己的情绪和脾气，是否需要注意改变。

……

最后，我想说，孩子的世界里会有争吵矛盾，出现这些并不稀奇。作为父母，注重引导，教给孩子自己解决问题的能力。这远比家长替他们讨回"公道"，要重要得多。

孩子的社交圈，需要父母制造机会

如果说我们的小时候，社交圈全靠自己的努力，那么现在的情况就变得更加复杂了。回忆一下80后的童年时代，一条胡同里的孩子，一声招呼，涌出家门，不同的小团体聚集在一起，这就是我们的朋友圈。虽然我们也有自己的同学，亲戚家的孩子，父母同事家的同龄人，但那时候的条件远远比不上现在。交通，就限制了我们的社交圈。

而现在的情况就大不一样了。孩子住在偌大的小区里，小公园每天人来人往，大家住在不同的楼栋，也可以相约成为好朋友。现在的父母重心转移到家庭，会对孩子付出足够多的时间和精力。周末，他们会带着孩子去或远或近的游乐场。在那里，孩子是最容易交到朋友的。别怀疑他们交朋友的能力，不用几分钟，他们就会交到心仪的好朋友。所以，他们的朋友圈和社交要求都比前几十年有了太大的不同。

面对孩子的交友需求，我们不只要表扬，还要学会支持。如何支持呢？帮助孩子扩大朋友圈，既是给孩子不同的交际体验，也能提高孩子的交际能力与表达能力。培养孩子的社交力，让他们走出家庭的小圈子，融入不同对象的大圈子。

小宇的童年时期，是跟爷爷住在一起的。爷爷不爱热闹，喜欢安静，年幼的小宇只能跟在爷爷后面，看他下棋或者打拳。虽然他并没有变成内向的孩子，但是跟同龄人在一起的时候，他总是觉得拘束，更不敢迈出交朋友的第一步。

等他回到父母的身边，环境不一样了。父母喜欢邀请朋友来家里，大家在一起吃饭，热热闹闹，高谈阔论。小宇的内心也对朋友产生了渴望，于是他开始要求爸爸妈妈带他出去玩，去寻找自己的小圈子。

当父母有好朋友，孩子也拥有了好朋友，这个家庭会因为友谊，而拥有更多可以讨论的话题。从这个角度来看，孩子与父母是一直在成长。父母也可以成为孩子的朋友，孩子除了跟同龄人相处，也可以有忘年交。

那么，身为父母怎样给孩子创造更多更好的交友机会呢？不同的父母有不同的办法。以下几种方法，常见而又容易操作，我们可以学起来。

公司举办亲子聚会，是锻炼孩子社交能力的好机会。这种亲子聚会，一般都会有精彩的活动，让孩子充分展示自己。大大小小的孩子聚集在一起，通过父母而相互熟识，马上就能成为好朋友。大家一起分享美食，分享故事，参加比赛。在这个过程中，孩子的斗志能被激发出来，精神面貌焕然一新。

带孩子出去参加各种公益活动，也是增长孩子见识的好机会。举个例子，每个城市都会举办各种各样的徒步或者跑步活动，家长们带上孩子，邀请好朋友一家，或者是在行走过程中，与别人组队相互鼓励。这些都是自然的交友方式。在父母的引导下，内向的孩子也会敞开心扉，享受交际中的乐趣。

相反，如果家长并不擅长交际，就会给孩子的交际带来障碍。孩子擅长模仿，父母内向不愿意走出家门，那么孩子也会养成"宅"的习惯。更不要说制造机会，促进孩子交朋友的能力。之后因为匮乏的经验，孩子很难有多少好朋友。感情乏味，情感体验也会缺失。所以为了孩子的社交力，家长们也要积极改变自己，为孩子做出好的榜样。

为孩子搭个梯子吧，在他和别的小朋友之间，寻找一条纽带。这条纽带领着孩子们成长，一直等到他们学会在人海中找到自己真正的朋友，找到知己。扩大朋友圈，还能培养出孩子健康、阳光的心态，这将让他们受益一生！

陪伴第十阶：打造未来脑计划，让孩子自己爱上学习

　　学习，对孩子成长来说是必不可少的，但绝不应该是孩子生活的全部。父母们若是想上孩子学习好，就应该让孩子爱上学习，且找到高效学习的方法，而不是强迫孩子学习。

学习的前提，是对这个世界感兴趣

现在太多父母把孩子"圈养"在家里，每天都让孩子学习、学习、再学习，希望孩子能进重点小学、重点中学、重点大学，进而为未来搏一个好前途。这导致孩子的目光接触之处始终离不开书本、作业、试卷，对这个世界的了解也只局限于电视、书本、手机和网络。

于是，孩子的成绩或许很好，可对这个世界却一无所知，眼光和视野始终局限在学校、家庭、小区等方寸之地。孩子小时候可能还没太大的影响，可等他长大之后，我们就会发现，孩子的眼光和视野受到限制，思维、情商、独立性以及探索能力的发展也受到阻碍，甚至没有办法和这个世界相处。

前段时间，几个朋友谈论的话题始终离不开某同事的孩子。这位同事大学毕业就结婚生子，今年孩子已经大学毕业，可令她苦恼的是，孩子的就业之路并不顺利，他不是没公司要，而是每家公司都待不了几天。

同事感到非常不解，原本这孩子非常优秀，成绩好、爱读书，一直上的都是最好的小学、中学，后来还因为成绩优异被保送名牌大学。大学期间，孩子的表现也很不错，每年都拿奖学金。为什么现在却变成了这个样子？

当然，很多人认为很多问题都在孩子自己身上——不会变通，只会死板地照搬书本；做事不主动，还接受不了批评；不会和同事相处，对谁都一副盛气凌人的样子。

我倒觉得，问题就在于这孩子在学校太优秀，并且学生时代的人生轨迹始终局限于学校。这位同事认为孩子学习好、考上名校就是优秀的，就能有出息，结果让孩子也错认为学习就是一切，且始终沉浸在自己的小世界中。孩子对外面的世界不了解，更不知道怎么和这个世界相处。走进社会后，自然变得格格不入，完全没有办法适应。

事实上，一个只能待在家里读书的孩子，和一个能够走出家门、了解和探索世界的孩子，区别真的非常大。待在家里读书的孩子，即便通过书本、网络了解这个世界，他们所了解的"世界"也是扁平化的、刻板的、抽象的。而真正体验这个世界精彩的孩子，由于接触到更多的人、景物、事物，所以对这个世界的了解是丰富多彩的、生动立体的，从而形成了多元的价值观。长大后，这类孩子的见闻和阅历不仅丰富，更重要的是可以和这个世界和谐相处。

正因为如此，父母们应该改变自己的想法，不要把孩子关在家里死读书、读死书，而是应该让孩子出去了解这个世界，直观地去感受和探索世界。

我们可以利用寒暑假时间带孩子去旅行，远的可以去美国、韩国，近的可以去北京、上海，让孩子感受不同地域的文化、风土、人情。当孩子亲眼看到世界的缤纷多彩，亲身体会它的千姿百态时，视野和思维就可以得到扩展，心灵就可以得到洗涤。

父母们还可以让孩子参加夏令营、游学，开始一次独特的探索成长之旅。这类活动不仅可以提升孩子的独立、探索能力，还可以激发孩子的学习兴趣。

一位朋友的三年级的儿子平时不爱学习，对学习的积极性和主动性都不高，为此朋友给他选择了一个为期十天的北京游学夏令营。三四十名年龄相仿的孩子，在带队老师的带领下参观了天安门、故宫、毛主席纪念堂，还去北大、清华等名校体验大学的校园氛围。

除此之外，孩子们还参加了北大高才生的体验课堂，与哥哥姐姐交流、请教。当然这次游学的效果还是很不错的，孩子的积极性提高不少，成绩也有所进步。

即便我们没办法让孩子出国，也应该尽可能带孩子到户外走走，或是到博物馆、科技馆、美术馆看看，父母还可以引导孩子多参加社会实践或公益活动，这些都可以给孩子接触社会、锻炼自己的机会，帮助孩子打开一个认识世界、增长见识的窗口。

不管如何，父母们都应该记住，学习的前提，是让孩子了解世界，并且对这个世界感兴趣。让孩子接触到更广阔的世界、更丰富的思想，只有孩子体验到更丰富多彩的生活和事物，思维、见识、格局才能有所提升，使得未来人生的道路更长远。

孩子有兴趣，学习就不是问题

学习是孩子成长中的重要任务，很多父母也非常重视孩子的学习。这一点无可厚非，毕竟孩子只有通过不断的学习才能掌握各种知识、能力，告别无知和愚昧，并且不断提升自己，实现自我价值。

然而现实生活中，很多父母却产生了一种错误的思维，认为学习是孩子唯一的出路。一旦孩子学习不好，进不了重点中学、大学，那么这辈子就完了。电视剧《小别离》里方朵朵的妈妈就时常对孩子说："进不了重点高中，你就进不了重点大学，进不了重点大学，你等于这辈子就完了。""你必须努力、再努力，熬过这一段时间，你就可以放松了。"

正是因为大部分父母持有这样的思想，才会无时无刻不逼迫孩子学习，把孩子的时间安排得满满的，让孩子每天学习到晚上10点多，而且还给孩子报各种培训班。殊不知，这种逼迫不仅起不到任何作用，还可能导致孩子彻底厌恶学习。从此，在父母的强迫下，学习对孩子来说变成痛苦的事情，变得一场难熬的考验。

《小别离》里的方朵朵，她原本活泼开朗，热爱写作和文学。可是面对初三这一关键时期，妈妈觉得不能再纵容她了，对她进行了严苛的学习规划管理：每天早上5点起床背英文单词；每天都必须做几套卷子，每一张卷子都必须认真计时；寒假也不能好好休息，第一天就要上补习班……

方朵朵成绩上去了，妈妈就兴高采烈，想办法犒劳她；可一旦她成绩不理想，妈妈就火冒三丈，对她更加严厉要求，甚至不许养狗、不许追星、不许早恋，就连她最热爱的写作都被禁止了。

繁重的课业和妈妈的紧逼让她不堪重负出现了梦游的情况。然而妈妈依旧没有认识到自己的错误，她时常因为朵朵的成绩而焦虑，这让朵朵产生强烈的叛逆心理。她认为妈妈对自己期望太高了，将自己当成"分数机器"，却从来没有想过自己的感受，这令她十分渴望自由、厌恶学习，最后只能用离家出走来表达自己的不满。

不过好在方朵朵的妈妈及时醒悟，不再逼迫女儿，也不再"唯分数是从"。她开始尊重孩子的兴趣，甚至鼓励孩子写小说，这一举措促使朵朵成绩突飞猛进，最后被心仪的学校录取。

可见，紧盯着孩子学习，催促孩子学习，并不一定就是好办法。很多时候父母越是如此，孩子对于学习的态度就可能越消极、冷漠、排斥。相反，若是父母能激起孩子学习的兴趣，让孩子喜欢上学习，那么结果就会与众不同。因为学习本来讲究的就是一种兴趣，孩子爱上学习，才能把困难的课业变成有趣好玩的事情，那么取得好成绩就不成问题了。同时，孩子学习成绩的好坏并不能代表什么，若是孩子养成爱学习的好习惯，任何时候都主动学习、努力学习，那么成绩的好坏就不那么重要了。

正如美国教育家格伦·多曼所说的："学习是生活中最有趣和最伟大的游戏。所有的孩子生来就这样认为，并且将继续这样认为，直到我们使他相信学习是非常艰难和讨厌的工作。"

所以，与其强迫孩子努力学习，紧逼着孩子完成学习任务，不如让孩子发现学习的乐趣，让孩子对学习有兴趣。其实，这非常简单，只要父母能够把学习和孩子的兴趣爱好联系在一起就可以了。

比如，孩子喜欢文学，父母就可以让孩子多阅读，用文学的魅力来刺激孩子的学习积极性；孩子不喜欢学数学，父母可以让孩子多玩一些数学游戏、智力游戏，让孩子发现学习数学的乐趣；孩子觉得物理很难理解，对物理不感兴趣，父母可以带孩子到科技馆参观，带孩子多做一些有趣的物理实验，增加他们的主动性和积极性。

简单来说，一切强制的方法都抵不过"兴趣"二字。兴趣，就是孩子对某种事物或爱好某种活动的倾向，这种倾向总是和一定的情感联系在一起，对孩子的行为起到引导作用。也就是说，孩子一旦产生了对学习的兴趣，就会自愿投入到学习中去，并且努力做到最好。

当然，我们也需要明白一点，孩子对学习的兴趣并不是短期就能培养的，也不是父母苦口婆心的劝导才能形成的。大多数孩子对学习的兴趣需要父母长期的教育影响，需要孩子在不断的实践中发展起来。

请不要给孩子的学习施加太多压力，更不要逼迫孩子一定要取得好成绩，给孩子充分的自由和尊重，让孩子产生学习的兴趣，这才是正确的教育方式。

有效的时间管理，让孩子学习有效率

    为什么有些孩子学习成绩差，有的孩子学习成绩好？很多父母，甚至有些老师都会说是孩子智商或努力程度的不同导致的。但是我却始终认为，真正决定孩子学习成绩的，不是智商和努力值，而是孩子对于时间的管理。有些孩子很聪明，但不善于管理自己的时间，课上不认真听讲，长时间熬夜，最终成绩并不理想。有些孩子非常努力，为自己制定了详细的学习计划，可总是无法高效地完成计划，最终只会搞得自己身心疲惫，成绩一塌糊涂。造成这种情况的原因是他们没有掌握时间管理的诀窍，这样不仅浪费了自己的时间，也让自己的努力白费了。

    刚上初中的表妹学习非常努力，上课认真听讲，下课努力做题，晚上每门功课都进行系统地预习、复习、做作业，可令她懊恼的是，即便如此，成绩依旧不上不下。眼看着别人轻轻松松就能拿高分，自己却搞得身心疲惫也没把成绩提上去，表妹真的非常沮丧，甚至怀疑是不是自己智商真的有问题。

    得知表妹的情况，我找时间与她好好交谈一番。当我询问她是如何完成功课时，她抱怨说："现在功课实在太多了，每门功课都要学、要记，还要做作业。有时候，我真的不知道如何下手……可是又不能不努力。每天回家之后我就赶紧把作业都拿出来，然后一项一项地完成。"

听了表妹的回答，我就知道她完成作业肯定没有一定的计划，更没有分清轻重缓急。我问道："你是不是把所有作业都堆在桌子上，然后摸到哪一本就完成哪一本？"

表妹惊讶地问："这有什么问题吗？"

我笑着回答说："这就是问题所在。任何事情都有轻重缓急，用最少的时间和精力做最重要的事情才能实现高效，做作业也是如此。可是你之前却习惯了'胡子眉毛一把抓'，结果把自己搞得手忙脚乱不说，学习效率也不高。简单来说，你没有把时间用在刀刃上，造成了时间的浪费和效率的低下。"

表妹低着头不作声，好像在思考些什么。我继续说道："其实，想要解决这个问题很简单，你放学后不要急着写作业，而是先梳理下今天所学的内容和老师布置的作业。哪一项作业最重要，你就先把它搞定，之后再按照顺序一项项完成。"

听了我的话，表妹连连点头。之后我又帮助表妹制定了合理的学习计划，让她学会管理自己的时间。果不其然，一段时间后表妹传来了好消息，她的成绩进步很多，且不像以往那样忙乱、疲惫。

看到了吧，很多时候孩子成绩不理想，真的不是智商和努力的问题，而是没有管理好自己的时间，做不到高效利用时间。若是父母能够帮助孩子树立时间观念，把时间都用在刀刃上，并且掌握高效利用时间的方法，那么孩子的学习就会事半功倍。

事实上，一个具有良好时间管理意识的孩子，学习时通常都是井井有条、主次分明的，他们管理的不仅仅是时间，更重要的是他们自己。良好的时间管理意识会让孩子变得更自律、自控，且充满活力。

所以，从孩子小时候，父母就应该着手培养孩子的时间观念，让孩子学会利用和管理时间。当孩子学习拖拉、效率上不去时，父母一定要监督孩子养成做事专心的好习惯，让他学会把学习时间和玩乐时间分开。做到该玩时痛快玩、该学习时努力学习。

当孩子因为功课任务重、学习压力大而手忙脚乱时，父母要帮助孩子制定合理的学习计划，确保自己始终做重要的事情，确保自己的时间一直被高效利用。

同时，父母还应该教会孩子根据不同学习内容合理安排自己的时间。比如，记忆力好、精力旺盛的时间段，孩子可以处理背诵、记忆的内容。而精力不太旺盛的时间则可以用来做题，因为做题需要动笔验算，可以强迫你集中注意力，即便受到干扰也不会影响学习的效果。

总之，学习是一项技术活。有效的时间管理，就是孩子高效学习、提升成绩的重中之重。父母们千万不要让孩子付出了努力和时间，却看不到效果。

提升孩子记忆力，轻松取得好成绩

有的孩子3岁就能背诵上百首古诗，而自己的孩子快上小学了也背不出来几首古诗；孩子最怕背诵课文了，小脑袋就像是金鱼一般，背过这段忘了那段；孩子英语口语说得还算可以，可就是记不住单词，听写单词往往听10个错6个。

可对于孩子来说，记忆力又非常重要。目前的学校教育来说，80％的理科知识点和85％的文科知识点都与记忆力有关。而且，越是低年级的时候，这一点就越发明显。因为在低年级阶段，孩子的大部分学习主要集中在基础知识的掌握，其中包括数学公式、数学概念、物理公式、物理概念，课文、英语单词、英语语法等等。一旦孩子记忆力差，学习就非常吃力，可能要花费别人两倍甚至更多的时间，却没有别人成绩好。

通常来说，记忆力较强的孩子，学习效率比较高，成绩自然也不会太差；而记忆力相对较差的孩子，往往需要花费更多的时间和精力，提高学习成绩自然就比较困难。更为重要的是，大部分孩子因为失去对学习的积极性，会对自己失去信心，甚至产生厌学情绪。

　　我家孩子的一个同学记忆能力不算强，每次遇到这位同学的妈妈，她都会愁眉苦脸地抱怨："这孩子记性真的很差，每次老师要求背古诗，他都要背一个晚上，好不容易记住了，第二天早上又忘得差不多了。你说他脑子笨吧，可是平时记那些乱七八糟的东西却很在行。你问他某某动画片的情节，他肯定记得一清二楚，而且能把其中细节说出来。记不住东西，孩子的语文学习就吃力，成绩就不好。之前我都会督促他，可是现在连督促都不敢了，因为这孩子明显有些厌学情绪，我怕我再给他增加心理压力，他便自暴自弃了。你说，到底如何提高孩子的记忆能力呢？"

　　这位同学真的记忆力差吗？要我说，并非如此，要不然孩子怎么能记住其他东西呢？他记不住东西，很可能只是采取死记硬背的方式，没有掌握有效记忆方法——孩子只知道一个字一个字地往脑子塞，事先没有理解古诗的含义，没有掌握古诗的韵律，自然事倍功半了。

　　所以，作为父母，不能只为孩子记忆力差而着急、焦虑，而是应该帮助孩子寻找提高记忆力的方法。针对孩子同学的情况，我提议说："你为什么不帮助孩子理解古诗，然后再让他去记忆。要知道，理解是记忆过程中最为关键的一步，同时也是记忆的基础和前提。当孩子明白古诗的含义，就不会死记硬背，效果自然会好很多。"

　　结果可想而知，采取我的建议后，这孩子的记忆力有所增强，学习效率也大大提升。

　　记忆是讲究方法的，这一点我们不能忽视。除了理解记忆法，还有联想记忆法、分类记忆法等等。联想记忆法，顾名思义就是利用联想的方式，用已经刻印在脑海里的知识，去牵引想要掌握的新知识。简单来说，就是利用知识点的共性，通过一个知识点，联想其他的知识点，以便提升记忆效果。

比如，孩子记单词的时候，可以利用单词发音的相近性或是拼写的相近性来记忆。Quite（相当）和Quiet（安静的）、Affect（影响）和Effect（影响），不管在发音和拼写都相近，孩子们就可以利用联想法来记忆。

再比如，孩子记忆单词apple（苹果）时，可以让他寻找与它有联系的知识点，比如，apple pie（苹果馅饼）、apple tree（苹果树）、apple computer（苹果电脑）等。apple（苹果）是这些东西的联结点，等孩子熟悉这些知识点后，记住apple（苹果）这个单词就毫不费力了。

一位致力于青少年智力开发的人士就是利用联想记忆的方法来提高女儿的记忆力。通过阅读《身体的奥秘》这本科普书，孩子知道人有五根手指，且长短不一。

之后，他带着孩子去博物馆，看各种动物肢体的骨骼标本：鱼的鳍、鸟的翅膀、青蛙的爪子。虽然这些动物的"手"各有不同，但还是和人手有共同之处的。如此一来，孩子不仅增强了对人手的认识，还对各种动物的"手"有了深刻的认识，把新旧知识点记得更牢固。

而分类记忆法更适合记忆繁多且复杂的知识点，先把这些知识点按照规律分类，然后按照规律一类类地记忆，不仅容易记忆，还不会造成知识点的混淆。这就好像我们整理东西一般，把东西按照一定的分类和规律放置起来，自然就能迅速地找到它了。

比如，孩子在一开始学习文言文时，很容易把通假字、假借字、古今异义字弄混。这个时候，父母教孩子先把这些古文字做好分类，分类记忆，自然就不会混淆了。

虽然好记忆不等于好成绩，但它确实对提高孩子成绩有明显的帮助。当然，我们还需要注意的是，记忆力和身体一样，需要不断地科学练习才能保持着灵敏的状态。所以，若是想要提升孩子记忆力，提高学习成绩，我们就应该让孩子持续地、科学地练习，掌握并提高记忆的技巧。

专注力被破坏，孩子成绩很难提高

前几天亲戚带着孩子来做客，小男孩上一年级了，聪明开朗，有一些好动。谈到学习成绩时，亲戚笑着说："孩子成绩一般，但是老师说了这孩子聪明，脑筋动得快，就是上课容易走神，喜欢东张西望的。只要把这个缺点改掉，孩子的成绩一定会突飞猛进。"

说这些话时，亲戚情绪很不错、脸上也有喜悦之色，明显觉得老师是在夸孩子有潜力。可我却并不这么认为，老师表面上是夸孩子，可事实上却指出了孩子的缺点——不专注，并且希望父母能在这方面下手，帮助孩子改掉这一坏习惯，否则孩子的成绩就会受影响。

对于孩子来说，尤其是低年级的孩子，不专注真的是学习过程中的大忌。一旦孩子注意力不集中，学习不到知识，或是听不懂老师讲的内容，就会对学习失去兴趣，从而导致成绩低下。而且，一个孩子的专注力差，并不是短时间能改变的。小学三年级之后，学习的知识越来越多，孩子旧的知识还没学会，新的知识又来了，如此循环，成绩就会一落千丈。

不要觉得夸张，很多时候专注力就是孩子成绩好坏的关键。细心观察那些"学霸"们，他们或许并不比别人聪明、努力，但是他们却永远比别人专注。越是成绩好的孩子，他们的专注时间就越长。

所以，作为父母我们千万不要觉得孩子上课不听课、容易走神是小问题。只有及时找回和提升孩子的专注力，才能让孩子爱上学习，并提高学习成绩。

首先，电视、游戏对孩子专注力的破坏是非常大的，这是因为视频中快速转动的影像和鲜艳的颜色，可以引起孩子的注意力，调动孩子的感受，使孩子没那么容易静下来。当孩子大脑持续不断地接受外界刺激，无法长时间平静的时候，专注力就会受到破坏。有研究表明，如果3岁的孩子每天看一小时电视，8岁时专注力涣散问题就会成倍增加。

所以，父母们千万不要让孩子长时间看电视、玩游戏，尤其是寒暑假时期，不能纵容孩子。否则新学期开始之后，孩子的专注力必然下降，学习成绩也会大幅度下降。

当然，孩子专注力不强，和父母的"打扰"也不无关系。苏联教育家苏霍姆林斯基曾把学生的注意力比作一只极易受惊的小鸟，当你想接近它的时候它马上会从巢里飞走。

孩子小时候专注力是比较强的，观察小动物时，一观察就是半天，玩玩具时，一玩就是1个小时。可是很多父母却打着为孩子好的旗号，一会儿给孩子送水果，一会儿要求孩子喝水。即便孩子做作业时，很多父母也会时不时因为小事而打扰孩子。

父母的随意干扰，让孩子很难再集中精神做事，甚至扰得孩子心烦气躁。久而久之，孩子的专注力被破坏，即便没有父母的打扰和影响也无法专心下来。

前面我说的那位亲戚的孩子，就是因为父母的频繁干扰，导致专注力不强。这位亲戚对孩子非常宠爱，生怕孩子受一点委屈。孩子小时候玩游戏，她时不时问："宝宝，你累不累？要不要休息会儿？""宝宝，这个游戏好玩吗？你要不要玩这个小汽车？"

等到孩子上学时，专注力已经很差了。为了监督孩子学习，她就坐在一旁守着。孩子写错字，她就生气地指出来："看看，这个字错了，你就不能认真些吗？"孩子拿笔的姿势不对，她立即纠正说："好好拿笔，不要养成坏习惯。"

在这样的干扰下，孩子能静得下心来吗？在这样的密切监视下，孩子能有专注的心情吗？

所以，父母想要孩子提高专注力，就应该改变自己的教育方式。当孩子全神贯注地投入到某件事时，只要没有原则性或安全性的问题，就尽量不要干扰他。至于孩子有没有做错、做得好不好，等到他完成之后再给予指正和引导。

不破坏孩子的专注力，提升孩子的注意力，如此，孩子才能给你带来惊喜。